Birgit Irgang

BOOKS4SUCCESS

GENUSS OHNE GLUTEN

Infos, Tipps und 100 köstliche Rezepte

Alle Rezepte mit Allergen-Kennzeichnung und Foto

Fotos: Birgit Irgang, Markus Farnung, Jürgen Kluge
Rezepte: Birgit Irgang, Kriemhild Irgang

Gestaltung Cover: Daniela Freitag
Gestaltung, Satz und Herstellung: Martina Köhler
Lektorat: Hildegard Brendel
Korrektorat: Ursula Prawitz

Druck: Florjančič Tisk d.o.o., Slowenien

ISBN 978-3-86470-280-8

Die DZG führt das ‚Glutenfrei-Symbol' als eingetragenes
Warenzeichen in Deutschland und vergibt es
an nationale Hersteller und Vertriebe glutenfreier Lebensmittel.

Bibliografische Information der Deutschen Nationalbibliothek:
Die Deutsche Nationalbibliothek verzeichnet diese Publikation in der
Deutschen Nationalbibliografie; detaillierte bibliografische Daten
sind im Internet über <http://dnb.d-nb.de> abrufbar.

BÖRSEN MEDIEN
AKTIENGESELLSCHAFT

Postfach 1449 • 95305 Kulmbach
Tel: +49 9221 9051-0 • Fax: +49 9221 9051-4444
E-Mail: buecher@boersenmedien.de
www.books4success.de
www.facebook.com/books4success

INHALT

Einleitung

Über dieses Buch

Als ich vor über zwanzig Jahren die Diagnose Zöliakie erhielt, gab es noch deutlich weniger Möglichkeiten, sich über diese chronische Krankheit zu informieren, und das Angebot an glutenfreien Produkten war ausgesprochen unbefriedigend. Damals hätte ich mir ein Buch mit vielen Informationen, hilfreichen Tipps und fantasievollen Rezepten gewünscht – am besten eins, das den Genuss nicht zu kurz kommen lässt und mit zahlreichen anschaulichen Fotos vermitteln kann, dass man trotz des Verzichts auf Gluten köstliche Kuchen, Brote und Pizza zubereiten kann, die geschmacklich rundum überzeugen.

Ich denke, vielen Betroffenen geht es ähnlich, und auch nach jahrelanger Erfahrung freut man sich noch über neue Ratschläge und kreative glutenfreie Rezeptideen. Deshalb habe ich mich für Sie unermüdlich abwechselnd in die Küche gestellt und an den Schreibtisch gesetzt – und hier ist es nun, das Buch, das ich mir selbst gewünscht hätte.

Der erste Teil dieses Buches enthält neben einem persönlichen Vorwort, einer kurzen Einleitung von Prof. Dr. Stallmach, einem medizinischen Überblick und allgemeinen Informationen viele erprobte Praxistipps für die unterschiedlichsten Alltagssituationen. Da ich selbst an Zöliakie erkrankt bin und mich seit über 20 Jahren glutenfrei sowie größtenteils laktosefrei ernähre, weiß ich aus eigener Erfahrung, welche Fragen, Probleme und Wünsche auftauchen. Ich möchte andere Betroffene unterstützen, ihnen Mut machen und bei der Vermeidung kulinarischer Fehlschläge und Diätfehler helfen. Ein Schwerpunkt liegt dabei auf der Feststellung, dass „glutenfrei" durchaus nicht gleichbedeutend mit Verzicht, Einschränkung und mangelndem Genuss sein muss. Selbst wenn, wie bei mir, noch Laktoseintoleranz und Nahrungsmittelunverträglichkeiten oder Allergien hinzukommen, gibt es zahlreiche ausgesprochen leckere und vielseitige Alternativen.

Im Anschluss an umfangreiche Küchentipps ist der größte Teil des Buches 100 Koch- und Backrezepten gewidmet, die sich im Alltag bewährt haben und in den meisten Fällen auch weniger erfahrenen Personen gelingen. Die vielfältigen Rezepte sind in verschiedene Kapitel für Vorspeisen, Hauptgerichte, Desserts, Brote, Kleingebäck, Kuchen, Torten und Weihnachtsbäckerei unterteilt. Von Suppen und Gebäckstangen über Pizzavarianten und Quiches, Körnerbrot und Tiramisu bis hin zu Sachertorte, Tarte au citron, Stollen und Zimtsternen ist alles dabei. Die Zubereitung wird jeweils Schritt für Schritt erklärt. Wo es sich anbietet, gebe ich weiterführende Tipps, schlage Variationsmöglichkeiten vor und erkläre, welche Zutaten bei bestimmten Unverträglichkeiten ersetzt werden können. Darüber hinaus gibt es eine Allergenkennzeichnung.

Der Großteil der Rezepte beschäftigt sich mit dem Backen. Neben Fertigmehlmischungen kommen auch sortenreine Mehle wie Reismehl, Kichererbsenmehl oder Teffmehl zum Einsatz. Ob Pizza, Brot, Kuchen, raffinierte Torten, Weihnachtsplätzchen oder Muffins: Die meisten Backwaren sind geschmacklich von den glutenhaltigen Versionen nicht zu unterscheiden und begeistern auch Menschen, die nicht an Zöliakie erkrankt sind.

Für die größtenteils von einem Profi aufgenommenen und teilweise eigenen Fotos habe ich (zum Teil mit Unterstützung meiner Mutter) die abgebildeten Speisen selbst gekocht und gebacken: Es waren weder Konditormeister oder Profiköche am Werk, noch haben Foodstylisten die Resultate mit Haarspray, Lack oder Ähnlichem bearbeitet. Auf diese Weise wollte ich vermeiden, dass Sie entmutigt denken, Sie könnten die abgebildete Qualität ohnehin nicht selbst produzieren.

Ich wünsche Ihnen eine informative und anregende Lektüre sowie viel Spaß und Erfolg beim Kochen und Backen!

Über die Autorin

Birgit Irgang, Jahrgang 1973, wohnt mit ihrem Lebensgefährten in Marburg, ist selbst an Zöliakie erkrankt und ernährt sich seit über 20 Jahren glutenfrei. Sie ist als selbstständige Diplom-Übersetzerin, freie Journalistin und Autorin tätig. Ein Schwerpunkt ihrer Arbeit liegt auf Büchern im Bereich Ernährung und Gesundheit. Dies ist ihr zweites eigenes Buch zum Thema Zöliakie. Nebenberuflich arbeitet sie als Jin Shin Jyutsu-Praktikerin außerdem in einem Heilberuf. In ihrem Blog beschäftigt sie sich darüber hinaus mit glutenfreier Ernährung. Und ihre Freizeit widmet sie bevorzugt ihren Freunden, dem Gesang, Brett- und Kartenspielen.

www.genussohnegluten.de
www.uebersetzungen-bilingua.de
www.jinshinjyutsu-marburg.de

Persönliche Worte vorweg

Als ich kurz vor dem Abitur stand, hatte ich immer wieder unerklärliche, sehr starke Bauchschmerzen, die ich zunächst der Anspannung und dem Stress vor den Prüfungen zuschrieb. Bis zu diesem Zeitpunkt war ich ein ausgesprochen gesunder, lebensfroher Mensch gewesen und ahnte noch nicht, dass mir eine lange Leidenszeit und Diagnose-Odyssee bevorstehen sollten.

Da die Schmerzen auch nach dem Abitur anhielten und ich immer mehr an Gewicht verlor, suchte ich zunächst den Hausarzt auf, der mich schon bald zu einem Internisten schickte. Dieser machte eine Magenspiegelung, entnahm eine Gewebeprobe aus dem Darm – und schloss Zöliakie aus. Daraufhin folgten zahlreiche Besuche bei diversen Schul- und Alternativmedizinern, neue Hoffnungen, Erklärungs- und Behandlungsversuche, Fehldiagnosen, Enttäuschungen und sehr viele Monate mit starken Schmerzen. Nicht immer fühlte ich mich ernst genommen und gut betreut. Ich baute körperlich und allmählich auch geistig ab. Schon bald war ich zu schwach, die fünf Kilometer von meiner Wohnung zur Uni mit dem Fahrrad zurückzulegen. Irgendwann konnte ich mich nicht mehr konzentrieren und wurde antriebslos. Die ständigen Schmerzen machten mürbe. Monatelang führte ich ein Ernährungstagebuch, ohne Erfolg. Zum Glück drängte mein damaliger Freund mich, doch noch einen weiteren Arzt aufzusuchen.

So landete ich schließlich bei einem Gastroenterologen, der sich die gesammelten Befunde ansah, feststellte, dass quasi schon alles ohne Ergebnis untersucht worden war – und von vorne begann. Und siehe da: Diesmal wurde die Zöliakie erkannt! Das war ungefähr ein Jahr nach der ersten Biopsie …

Nun wusste ich also endlich, wo das Problem lag. Doch zunächst wirkte die praktische Umsetzung recht einschüchternd, zumal es damals nicht so leicht war wie heute, sich umfassend zu informieren. Durch die Umstellung auf eine glutenfreie Ernährung ging es mir glücklicherweise innerhalb weniger Wochen deutlich besser. Da ich als junge Studentin noch nicht viel Koch- und Backerfahrung hatte, war der Alltag anfangs eine Herausforderung, zumal das Angebot an glutenfreien Produkten vor rund zwanzig Jahren deutlich geringer war als heute. Außerdem waren die glutenfreien Brote, Kekse und Nudeln schwer zu bekommen und nicht im Entferntesten so lecker wie das meiste, was heutzutage auf dem Markt ist.

Da ich die einzige Zöliakiepatientin meines Gastroenterologen war, kannte er sich mit dieser Krankheit nicht sonderlich gut aus, gab sich aber Mühe. Ich hielt mich von Anfang an sehr streng an die glutenfreie Ernährung, denn bei mir reicht leider schon eine winzige Menge Gluten, um starke Schmerzen auszulösen. Hilfreich wäre allerdings gewesen, wenn ich über die Möglichkeit von Mangelerscheinungen und deren Folgen informiert worden wäre. So entwickelte sich bald infolge einer Unterversorgung mit Vitamin B12 vorübergehend eine ausgewachsene Depression. Die klassischen Mangelerscheinungen bei Zöliakie (Eisen, Folsäure, Vitamin B12), die damals bei mir auftraten, kann man bei abgeheilter Dünndarmschleimhaut mit Nahrungsergänzungsmitteln in der Regel gut ausgleichen – wenn man es weiß.

Auch eine Laktoseintoleranz kam hinzu, von der allerdings weithin bekannt ist, dass sie häufig mit Zöliakie einhergeht. Jahre später traten außerdem in Schüben rheumatische Beschwerden auf, und nachdem ich wiederum mehrere Ärzte konsultiert hatte, geriet ich an einen Internisten, der mich verwundert fragte, ob ich denn nicht wisse, dass rheumatische Leiden bei Zöliakiekranken recht häufig seien; da könne man halt nichts machen ... Möglicherweise hängen meine chronischen Nervenschmerzen indirekt ebenfalls mit der Zöliakie zusammen. Zumindest ist bekannt, dass neurologische Beschwerden mit dieser Krankheit einhergehen können.

Aus eigener Erfahrung habe ich gelernt: Wichtig sind im Umgang mit chronischen Krankheiten, Schmerzen oder Beschwerden in erster Linie die eigene positive Einstellung und die Erkenntnis, dass Hadern und Selbstmitleid die Situation nur verschlechtern. Erst wenn man sie akzeptiert und offen nach Wegen sucht, um bestmöglich damit umzugehen, kann man neue Chancen sehen, wieder Lebensfreude gewinnen und erkennen, dass das Leben trotz allem durchaus noch sehr lebenswert ist.

So habe ich direkt nach der Zöliakie-Diagnose angefangen, Informationen zu sammeln und in der Küche zu experimentieren. Auch meine Mutter sah die glutenfreie Ernährung als Herausforderung und versuchte, mit glutenfreien Zutaten genauso lecker zu kochen und zu backen wie sonst. Aus unserer Kooperation entstand schon bald ein erstes Ratgeber-, Koch- und Backbuch für Zöliakiekranke, das 1998 unter dem Titel „Glutenfrei essen bei Zöliakie/Sprue“ beim Falken-Verlag erschien.

Inzwischen sind einige Jahre vergangen. In dieser Zeit hat sich rund um das Thema Zöliakie in Wissenschaft, Handel und Öffentlichkeit viel getan. Die Erkenntnisse und Entwicklungen der letzten Jahre habe ich ebenso zusammengetragen wie zahllose neue Rezepte. Durch die gesammelten Erfahrungen, viele gelungene und einige missglückte Back- und Kochexperimente sind immer mehr glutenfreie Kreationen entstanden, die geschmacklich kaum von „normalen“ Versionen zu unterscheiden sind und auch bei Menschen, die sich nicht glutenfrei ernähren müssen, für Begeisterung sorgen.

Damals, als ich die Diagnose bekam, wäre ich sehr froh gewesen, wenn ich über mehr Informationen verfügt und von erfahrenen Zöliakiekranken praktische Tipps bekommen hätte. Gerne möchte ich Sie nun an meinem Wissen teilhaben lassen, Sie ermutigen und Ihnen helfen, kulinarische Misserfolge und Diätfehler zu vermeiden. Ich will zum Experimentieren einladen, die Lust am Nachmachen wecken und die positive Einstellung gegenüber der Zöliakie unterstützen: Ich muss mich zwar glutenfrei ernähren, aber das heißt noch lange nicht, dass ich auf leckeres Brot, deftige Pizza, verführerische Kekse oder dekadente Torten verzichten muss! Außerdem lassen sich mit etwas Erfahrung fast alle glutenhaltigen Lieblingsrezepte auch glutenfrei umsetzen – nur Mut!

Gutes Gelingen und viel Freude auf Ihrem glutenfreien Weg,
Birgit Irgang

Hilfe zur Selbsthilfe

Für viele Zöliakiepatienten und deren Angehörige stellt die Diagnose „Zöliakie als lebenslange Erkrankung“ einen Schock dar. Die häufig mit der Diagnose verknüpfte Bemerkung: „Sie müssen sich eben glutenfrei ernähren, und dann wird es wieder.“ ist meist nicht richtig hilfreich. Viele Fragen tauchen dann auf, die durch Gespräche mit Betroffenen in Selbsthilfeorganisationen oder Ärzten und Ernährungsberatern geklärt werden müssen. Aber die tagtägliche Frage „Was koche ich heute?“ ist für viele Menschen mit einer neu diagnostizierten Zöliakie ein großes Problem. Vor diesem Hintergrund stellt das Buch von Frau Irgang eine wertvolle Hilfe dar. Wer kann besser als ein Zöliakie-Betroffener ein Kochbuch mit vielen leckeren Rezepten schreiben? Nur der Betroffene weiß, was geht und was – noch viel wichtiger – auch wirklich schmeckt. Die Hilfe zur Selbsthilfe, die Erfahrungen und Ratschläge von Betroffenen für Betroffene sind ein wertvolles Gut.

Die Erkenntnisse um die Zöliakie haben sich in den letzten Jahren deutlich vermehrt; wir verstehen die Erkrankung besser und wissen, dass deutlich mehr Menschen Zöliakie haben, als wir früher glaubten. Heutzutage gibt es deshalb auch viel mehr glutenfreie Lebensmittel im Supermarkt zu kaufen; leider sind sie aber auch wesentlich teurer. Die Deutsche Zöliakie-Gesellschaft hat in einer aktuellen Untersuchung aufgezeigt, dass pro Monat durchschnittlich 97 Euro mehr für Lebensmittel aufgewendet werden müssen, um die Einkäufe glutenfrei zu gestalten. Da weder von Krankenkassen noch von den Finanzämtern Zuschüsse gewährt werden, ist das Selberkochen und Selberbacken häufig einfach notwendig. Ich kann mich noch gut an die Zeit erinnern, als ich als junger Arzt kurz nach der Doktorarbeit zu Vorträgen für Zöliakie-Betroffene eingeladen war. Häufig gab es danach Kaffee und Kuchen und – leider – hat der Kuchen, natürlich glutenfrei, mir nicht immer geschmeckt. Das ist heute anders; viele Tipps und Tricks, viele leckere Rezepte – und in diesem Buch sind zahlreiche zusammengestellt – sorgen dafür, dass mittlerweile kein Unterschied im Geschmack zwischen „glutenfrei“ und „glutenhaltig“ zu erkennen ist. Vielleicht hat das auch dazu geführt, dass „glutenfrei“ für viele Menschen eine Art Modediät geworden ist. Frau Irgang stellt im ersten Teil ihres Buches aber auch gut für den medizinischen Laien nachvollziehbar dar, dass Zöliakie weit mehr als eine Modeerkrankung oder „etwas Missempfinden“ ist. Bei dieser lebenslangen Erkrankung muss das Leben glutenfrei gemeistert werden; hier helfen ihre Rezepte.

Guten Appetit und viel Genuss,
Ihr Andreas Stallmach

Prof. Dr. Andreas Stallmach ist Direktor der Klinik für Innere Medizin IV in Jena und Mitglied im ärztlichen Beirat der Deutschen Zöliakie-Gesellschaft (DZG).

Teil I:
nosäuren Glutaminsäu
den Prolaminen bilden
Gluten [lat. „Leim
weiß), Hauptanteil des
mehl, im Endosperm d
ten. Die Quellfähigkeit
stenz dieses aus dem
dem Glutelin Gluteni
gemisches beim Antei
eigenschaften des We
benprodukt bei der St
nene G. dient zur H
Nähr- und Futtermit
äure.
lat.],

Medizinischer Hintergrund und Alltagstipps

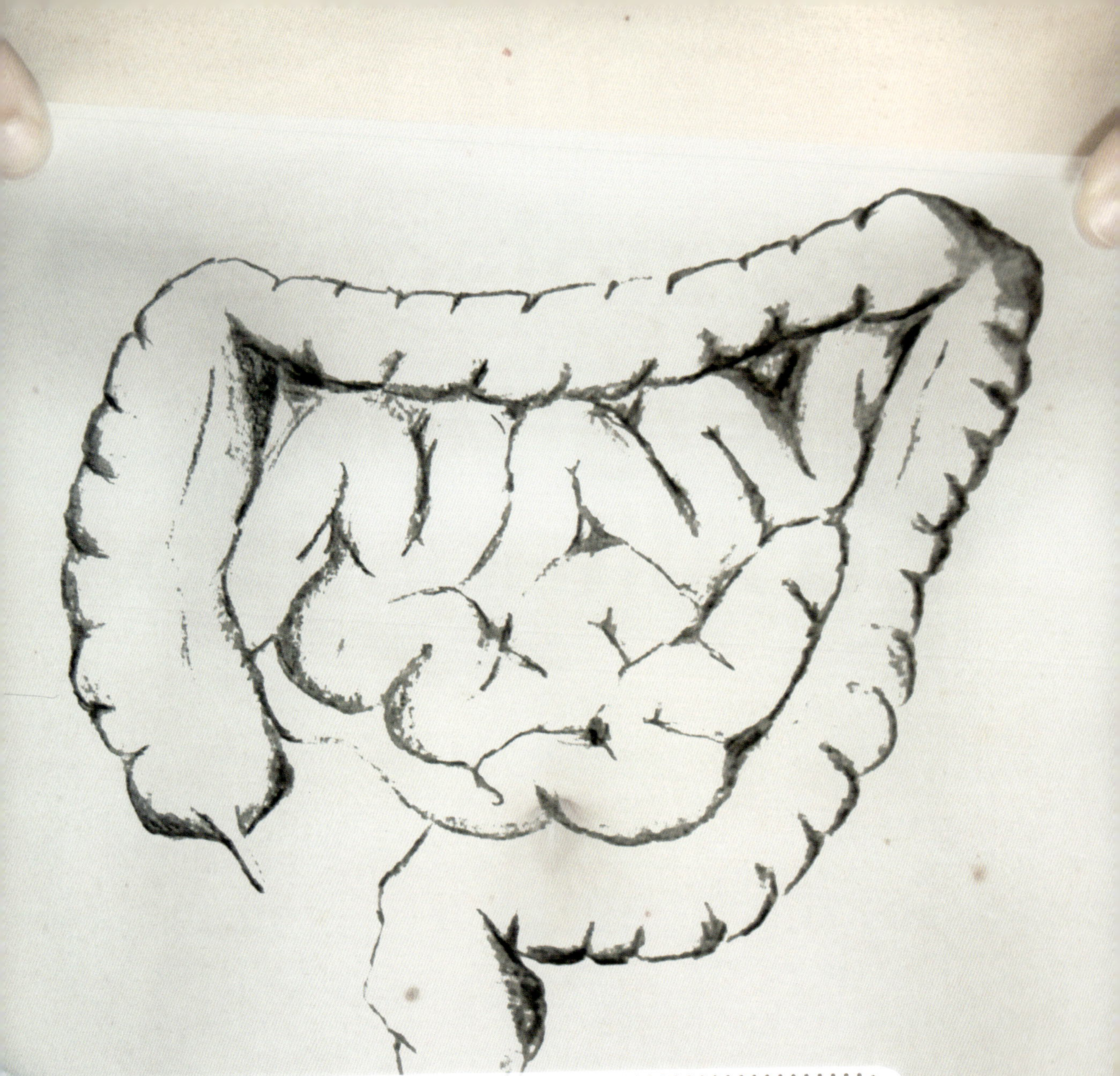

Die medizinischen Hintergründe

In diesem Kapitel wird die Krankheit Zöliakie vorgestellt: Was versteht man darunter? Welche Symptome sind typisch? Wie kann man Zöliakie diagnostizieren? Welche Folge- und Begleiterkrankungen können auftreten?

Was ist Zöliakie?

Zöliakie ist eine nicht heilbare Erkrankung des körpereigenen Immunsystems, die mit einer chronischen Entzündung des Dünndarms einhergeht. Diese führt zu einer Beeinträchtigung der Aufnahme aller wichtigen Nährstoffe. Bei den betroffenen Personen wird die Erkrankung durch eine entzündliche Reaktion der Dünndarmschleimhaut auf den Kontakt mit Eiweißbestandteilen bestimmter Getreidesorten hervorgerufen. Diese Eiweiße werden Kleber oder Gluten genannt. Die Reaktion des Immunsystems ist keine Allergie im herkömmlichen Sinne, und Gluten ist an sich auch nicht toxisch – nur ganz bestimmte Personen reagieren auf diese Weise auf Gluten.

Unbehandelt kann Zöliakie zu schweren Mangelerscheinungen, einigen Tumorerkrankungen und einer Reihe von Autoimmunerkrankungen führen. Der genaue Mechanismus der schädigenden Wirkung von Gluten ist trotz intensiver Forschungen immer noch nicht abschließend geklärt. Allerdings ist belegt, dass es als Voraussetzung eine angeborene, erbliche Veranlagung geben muss. Falsche Ernährungsgewohnheiten können keine Zöliakie verursachen. Die Krankheit ist angeboren und kann in jedem Alter auftreten, wobei die Wissenschaft hinsichtlich der Auslöser noch keine gesicherten Erkenntnisse hat. Infektionen oder Stress können jedoch die Entstehung einer Zöliakie fördern.

Statistisch gesehen erkrankt die weibliche Bevölkerung deutlich häufiger als die männliche. Die erbliche Veranlagung führt außerdem dazu, dass es unter den Eltern und Geschwistern von Zöliakiepatienten häufiger weitere Betroffene mit Zöliakie gibt: Diese Krankheit wird mit einer 10- bis 15-prozentigen Wahrscheinlichkeit an die nächste Generation weitergegeben. In unseren Breitengraden rechnen wir mit einer Häufigkeit der Zöliakie, die zwischen 1 zu 250 und 1 zu 500 liegt. Aktuellen Studien zufolge ist jedoch sogar bis zu ein Prozent der Bevölkerung von Zöliakie betroffen – die Dunkelziffer ist ziemlich hoch; nur jeder Fünfte bis Siebte weiß von seiner Krankheit. Es handelt sich somit um eine recht häufige Erkrankung. Früher wurde die Zöliakie bei Erwachsenen als einheimische Sprue bezeichnet, und Mediziner sprechen auch von gluteninduzierter Enteropathie; es handelt sich jedoch um ein und dieselbe Krankheit.

Gluten und ähnliche Eiweißbestandteile, die in allen Weizensorten sowie in Roggen, Gerste und durch Kontamination (Verunreinigung mit anderem Getreide auf dem Feld oder in der Mühle) meist auch in Hafer enthalten sind, bewirken bei ihrem Kontakt mit der Dünndarmschleimhaut von glutenempfindlichen Menschen eine entzündliche Reaktion. Neuesten Erkenntnissen zufolge ist die Darmwand bei Zöliakiepatienten zudem durchlässig für teilweise verdaute Glutenmoleküle, die auf diese Weise in den Körper gelangen und dort eine Überreaktion des Immunsystems auslösen können. Außerdem werden die Immunzellen der Schleimhaut aktiviert und die Nährstoffe aufnehmenden Darmzotten zerstört. Da sich auf diese Weise die Oberfläche des Dünndarms stark verringert, können nicht mehr genügend Nährstoffe aufgenommen werden. Auch qualitativ ist die Aufnahmefähigkeit vermindert: Die Folgen davon sind unter Umständen ein mäßiger bis schwerer Unterernährungszustand und verschiedene Mangelerscheinungen von Mineralstoffen, Vitaminen und Spurenelementen, die eine Reihe von Beschwerden auslösen können.

Symptome

Als Folge des fortgeschrittenen Zottenschwunds im Dünndarm entstehen verschiedene Krankheitssymptome: Bei Säuglingen und Kleinkindern machen sich die massigen, breiigen und übelriechenden Stühle sowie der große, aufgeblähte Bauch bemerkbar, ebenso eine zunächst nur leichte, mit der Zeit aber ausgeprägte Verlangsamung der Gewichtszunahme und fehlender Appetit. Die Kinder sind blass, antriebslos und übellaunig. Bei älteren Kindern verringert sich das Wachstum. Die Pubertät setzt verspätet ein, bei jungen Frauen kann es auch zu Zyklus- und Schwangerschaftsstörungen kommen. Die wichtigsten Symptome sind in der Regel Durchfall, Fettstühle, Bauchschmerzen, Blähungen, Gewichtsabnahme, Appetitlosigkeit, Müdigkeit und Blässe. Erwachsene weisen allerdings häufig untypische oder gar keine erkennbaren Symptome auf. In solchen Fällen ist es schwierig, aufgrund von Beschwerden wie Depressionen, Eisenmangel, Blähungen oder Schwäche eine Zöliakie als Ursache zu vermuten, wenn die charakteristischen Stühle fehlen.

Typische Symptome bei Säuglingen und Kleinkindern

- Entwicklungsstörungen
- aufgeblähter Bauch
- Durchfälle oder Verstopfung
- Erbrechen
- Appetitlosigkeit
- Bauchschmerzen
- Wesensveränderungen (Missmutigkeit, Weinerlichkeit, Zurückgezogenheit)
- Eisenmangel
- Muskelschwäche
- Verlust von schon erlernten motorischen Fähigkeiten
- Blässe

Typische Symptome bei Jugendlichen und Erwachsenen

- Durchfälle, Verstopfung, wechselnde Stühle
- Blähbauch
- Bauchschmerzen
- Übelkeit
- Appetitlosigkeit oder ständiges Hungergefühl
- Gewichtsverlust
- Schwäche, Müdigkeit, Abgeschlagenheit, Antriebslosigkeit, Krankheitsgefühl
- Konzentrationsstörungen
- Eisenmangel (mit Blutarmut)
- diverse Nährstoffdefizite (Eisen, Zink, Kalzium, Magnesium, Kalium, Vitamin A, D, B6, B12, K, Folsäure)
- Osteoporose
- Früh- oder Fehlgeburten, Unfruchtbarkeit (Mann und Frau)
- erhöhte Leberwerte
- Depressionen
- Migräne oder häufige Kopfschmerzen
- Nervenschädigungen, eventuell mit Gefühlsstörungen und unsicherem Gang
- Minderwuchs, verzögerte Pubertät
- Muskelkrämpfe
- Neigung zu Blutergüssen

Wie schnell sich Krankheitssymptome entwickeln und wie ausgeprägt sie sind, ist sehr unterschiedlich. Gerade diese Vielfalt ist für die Zöliakie typisch. Einige Säuglinge erkranken schon wenige Wochen nach Einführung von getreidehaltiger Flaschen- oder Breinahrung, bei anderen kann es Monate oder sogar Jahre dauern, während die Symptome uncharakteristisch bleiben. Die Gründe dafür sind nicht klar, zum Teil könnten eventuell die Glutenmenge, der Grad der Veränderung der Darmschleimhaut und der Zeitpunkt der Einführung glutenhaltiger Kost beim Baby dafür verantwortlich sein. So wird Eltern mal geraten, ihrem Kind erst möglichst spät glutenhaltige Nahrung zu geben, mal hält man sie dazu an, damit früh zu beginnen. Allerdings haben neuere Studien gezeigt, dass der Zeitpunkt der Einführung von Gluten in die Ernährung des Säuglings keinen Einfluss auf die Entwicklung der Erkrankung hat.

Unerkannt und unbehandelt verschlechtert sich das Befinden kontinuierlich, und die erwähnten Krankheitssymptome werden deutlicher. In zunehmendem Maße entwickeln sich auch Mangelzustände, die zu den charakteristischen Beschwerden führen. Blässe, Müdigkeit und teilweise auch Schwangerschaftsstörungen sind zum Beispiel eine Folge von Eisen- und Folsäuremangel; Kalzium- und Vitamin-D-Mangel verursachen Rachitis beim Kind und erhöhte Knochenbrüchigkeit beim Erwachsenen, während Vitamin-K-Mangel eine größere Blutungsneigung auslöst. Nach einem jahrelang unbehandelten Verlauf können als Folge der dauernden Entzündung der Dünndarmschleimhaut auch bösartige Tumore auftreten.

Diagnose

Die Krankheitssymptome alleine erlauben keine eindeutige Diagnose, weil diese auch bei anderen Krankheiten vorkommen und untypisch sein können. Verschiedene Laboruntersuchungen decken die charakteristischen, oben erwähnten Mangelerscheinungen auf, beweisen jedoch nicht, dass eine Zöliakie vorliegt. Einen gezielteren Hinweis auf Zöliakie stellen Antikörper im Blut dar (Anti-Gliadin-IgA- und Anti-Endomysium-Antikörper). Doch erst eine Untersuchung des Dünndarms (Magenspiegelung, Gastroskopie) mit Entnahme von sechs kleinen Gewebsstücken (Biopsien) erbringt den endgültigen Beweis. Die Entnahme erfolgt mithilfe einer durch den Mund eingeführten, feinen Sonde mit Biopsiezange. Diese Methode ist auch für Säuglinge geeignet, recht problemlos durchführbar und dauert 10 bis 15 Minuten. Dabei werden Gewebeproben entnommen, die durch Fachleute auf typische Zöliakiemerkmale untersucht werden. Zusammen mit den klinischen und den Laborbefunden sowie mit den Ergebnissen der Antikörperbestimmungen kann dann die definitive Diagnose Zöliakie einwandfrei gestellt werden.

Gelegentlich wird bei bloßem klinischem Verdacht auf das Vorliegen einer Zöliakie geschlossen und ohne vorangegangene Biopsie unkritisch und verfrüht mit einer „Probediät" eine glutenfreie Ernährung empfohlen. Tritt eine Besserung der Beschwerden ein, so wird im Nachhinein daraus geschlossen, dass eine Zöliakie vorliegt. Bei einem solchen Vorgehen kann es mit der Zeit zu Zweifeln kommen: Handelt es sich tatsächlich um Zöliakie? Ist eine lebenslange Diät wirklich gerechtfertigt? Um Sicherheit in Bezug auf die Diagnose zu erlangen, wird dann die glutenfreien Diät abgesetzt und nach und nach wieder glutenhaltige Nahrung konsumiert. Diese Wartezeit ist für die Betroffenen nervenaufreibend, denn es dauert unter Umständen mehrere Monate, bis wieder deutliche

Beschwerden auftreten und dann die nötigen Untersuchungen durchgeführt werden. Eine von Anfang an durch sachliche Abklärungen einschließlich Antikörperuntersuchung und Biopsie durchgeführte Untersuchung ist sicherer, einfacher und schneller.

Im Handel erhältliche Zöliakie-Schnelltests bieten keine sichere Diagnose der Erkrankung, da ein solcher Test zu falschen positiven wie negativen Ergebnissen führen kann. Für eine gesicherte Diagnose ist neben einer Blutuntersuchung nach wie vor eine Gewebeprobe des Dünndarms zwingend erforderlich. Erst dann kann zweifelsfrei geklärt werden, ob beim Patienten eine Zöliakie vorliegt.

Folgen der Diagnose

Die Konsequenz einer gesicherten Zöliakie-Diagnose ist der strikte Ausschluss von Gluten aus der Nahrung, das heißt die Durchführung einer glutenfreien Diät. Alle Nahrungsmittel, die Gluten aus sämtlichen Weizensorten (auch Dinkel und Grünkern) sowie aus Roggen und Gerste enthalten, sind von nun an zu meiden. Da Hafer durch Kontamination oft ebenfalls glutenhaltig ist, darf er nur verzehrt werden, wenn seine Glutenfreiheit einwandfrei gesichert ist.

Die Ernährung muss dementsprechend umgestellt werden. Dies bereitet insbesondere in der Eingewöhnungsphase viele Probleme, zumal nicht immer sofort ersichtlich ist, welche Produkte glutenhaltig sind. Als Ersatz für alle üblicherweise glutenhaltigen Nahrungsmittel wie Brot, Gebäck, Nudeln und dergleichen sind glutenfreie Nahrungsmittel erhältlich oder können selbst hergestellt werden. Inzwischen gibt es ein entsprechendes Produktangebot glücklicherweise nicht mehr nur in Reformhäusern und im Internet, sondern zunehmend auch im örtlichen Lebensmittelhandel.

Die glutenfreie Ernährung enthält bei ausgewogener Gestaltung in der Regel alle notwendigen Bestandteile der Nahrung und kann den Ernährungsgewohnheiten angepasst, abwechslungsreich und lecker gestaltet werden. Unter Umständen sollte jedoch mit einem Arzt geklärt werden, ob eine Unterversorgung mit bestimmten Nährstoffen oder Vitaminen besteht. Eine Besserung der Beschwerden durch die glutenfreie Ernährung macht sich im Allgemeinen recht schnell bemerkbar, da die Erholung der Schleimhaut meist schon innerhalb weniger Tage nach Glutenausschluss einsetzt. Nach wenigen Wochen haben sich bereits der Appetit, die Laune und der Allgemeinzustand gebessert, etwas später auch die Stühle, und nach einigen Monaten ist die Darmschleimhaut normalerweise vollständig wiederhergestellt.

Eine Alternative zur glutenfreien Ernährung gibt es bisher nicht. Forscher suchen zwar nach Wirkstoffen gegen Zöliakie, zur Verbesserung des Abbaus von Gluten und zur Senkung der Durchlässigkeit des Darms, um der fortschreitenden Entzündung entgegenzuwirken – doch bislang sind keine solchen Medikamente unmittelbar in Sicht.

Ärztliche Betreuung

Einige Ärzte führen ein Jahr nach Beginn der glutenfreien Ernährung zur Sicherheit eine zweite Biopsie durch, um die Heilung der Darmzotten zu überprüfen. Das ist jedoch in der Regel nicht erforderlich: Die Bestimmung der Antikörper nach Beginn der Diät reicht; wird diese gut eingehalten, normalisieren sich die Antikörper. Bei anhaltenden Beschwerden sollten Sie allerdings den Arzt konsultieren, um eventuelle Mangelerscheinungen oder zusätzliche Erkrankungen zu erkennen. Ansonsten ist eine ärztliche Überwachung nicht erforderlich.

In verschiedenen größeren Kinderkliniken sowie in Kliniken für Gastroenterologie (Magendarmkrankheiten) gibt es spezialisierte Zöliakie-Sprechstunden. Dort sowie bei einigen frei praktizierenden Ärzten werden sowohl eine fachkundige Abklärung bei Zöliakieverdacht als auch eine Betreuung nach der Diagnosestellung und Hilfen für die Durchführung der glutenfreien Ernährung durch gut informierte Ernährungsberater angeboten. Hier kann auch die Deutsche Zöliakie-Gesellschaft (DZG, www.dzg.de, siehe Seite 35) wertvolle Tipps geben.

Zusammenhänge mit anderen Krankheiten

Bestimmte Krankheiten kommen bei Zöliakiebetroffenen leider häufiger vor als normal. Die Liste ist lang, aber wie bei dem Beipackzettel eines Medikaments gilt auch hier: Natürlich müssen sie nicht zwangsläufig bei jedem Zöliakiepatienten tatsächlich auftreten. Wer sich nicht an die glutenfreie Ernährung hält, steigert allerdings das Risiko, eine dieser Erkrankungen zu bekommen.

Dazu zählen neben Nährstoffdefiziten und deren Folgen (z. B. Osteoporose, Anämie, Hautausschläge) verschiedene Autoimmunerkrankungen (wie Diabetes, Morbus Crohn, Colitis Ulcerosa, Hashimoto, rheumatische Erkrankungen), psychische Krankheiten (z. B. Autismus und Depressionen), neurologische Störungen, Tumore, Migräne, Unfruchtbarkeit, Fehlgeburten und Funktionsstörungen verschiedener Organe.

Nur auf drei Punkte, die besonders häufig mit einer Zöliakie kombiniert auftreten, wird hier etwas genauer eingegangen:

Laktoseintoleranz / Milchzuckerunverträglichkeit

Die Aktivität des milchzuckerspaltenden Enzyms Laktase ist hierzulande bei etwa 15 Prozent der Erwachsenen stark eingeschränkt (Laktasemangel). Dieser Enzymmangel führt ein bis zwei Stunden nach dem Genuss von milchzuckerhaltigen Produkten zu Blähungen, Bauchschmerzen, Übelkeit oder Durchfällen. Die Beschwerden ähneln zum Teil denen, die von der Zöliakie ausgelöst werden.

In der geschädigten Schleimhaut des Zöliakiebetroffenen ist die Aktivität des Enzyms ebenfalls stark herabgesetzt, sie erholt sich aber meist innerhalb weniger Wochen unter glutenfreier Kost. In solchen Situationen sollten (nach einer entsprechenden Untersuchung) bestimmte Milchprodukte (Milch, Joghurt, Sahne, Eis, Buttermilch) gemieden werden.

Viele Zöliakiepatienten leiden auch dauerhaft unter Laktoseintoleranz. Für sie gibt es das Enzym Laktase inzwischen auch in Tablettenform in verschiedenen Dosierungen. Leider wirken diese Tabletten nicht bei jedem Betroffenen gleich gut und könnten auch Nebenwirkungen haben. Im Lebensmittelhandel sind darüber hinaus auch als „laktosefrei“ gekennzeichnete Produkte erhältlich, denen Laktase zugesetzt wurde. Alternativ kann man auf Ersatzprodukte zurückgreifen wie Sojasahne oder Reismilch.

Dermatitis Herpetiformis Duhring

Dermatitis Herpetiformis Duhring ist eine vererbte Hauterkrankung, die mit einer typischen Blasenbildung einhergeht und eng mit der Zöliakie verwandt ist. Sie beruht wie die

Zöliakie auf einer Gluten-Überempfindlichkeit. Obwohl nur bei wenigen Betroffenen eine Schädigung des Darmes vorliegt, wird diese Erkrankung erfolgreich mit einer glutenfreien Ernährung behandelt. Fast jeder Erkrankung an Dermatitis Herpetiformis Duhring liegt eine meist asymptomatische Zöliakie als Primärerkrankung zugrunde. Der Umkehrschluss gilt allerdings nicht: An dieser Hautkrankheit leidet nicht jeder Zöliakiepatient.

Diabetes

Bedingt durch gewisse gemeinsame Erbmerkmale ist auch eine bestimmte Form der Zuckerkrankheit (Diabetes mellitus) unter Zöliakiebetroffenen häufiger als normal anzutreffen. Das Zusammentreffen beider Krankheiten erfordert selbstverständlich eine aufwendigere und strengere diätetische Behandlung.

Allgemeines zur glutenfreien Ernährung

Die Schleimhautveränderungen werden durch die Reaktionen des Immunsystems auf Gluten verursacht. Da zurzeit noch keine Möglichkeit besteht, diese Reaktion durch Medikamente zu unterdrücken oder die Erbanlage zu beeinflussen, gibt es keine Alternative zum konsequenten und lebenslangen Verzicht auf Gluten. Forscher arbeiten zwar daran, ein Medikament zu finden, das Gluten für Zöliakiekranke unschädlich macht, doch bislang ist es noch nicht so weit. Eine radikale und konsequente Umstellung der Ernährungsgewohnheiten ist deshalb unerlässlich und erfordert Disziplin. Da man als Betroffener jedoch in der Regel recht bald merkt, dass die Besserung des Gesundheitszustandes an die strenge Einhaltung der Diät geknüpft ist, wird diese vermutlich auch für Sie rasch zur Selbstverständlichkeit und Routine werden.

Eventuell ist es ratsam, zu Beginn der Ernährungsumstellung auf fettarme, leicht verdauliche Kost mit einem hohen Anteil an Kohlenhydraten zu achten und auf Milchprodukte sowie blähende Speisen generell zu verzichten. So gönnen Sie Ihrem Darm eine Erholungsphase. Auf jeden Fall muss eine ausreichende Versorgung mit Vitaminen und Mineralstoffen gewährleistet sein.

Falls die Beschwerden trotz Einhaltung der glutenfreien Diät anhalten, sollten Sie ein Ernährungstagebuch führen. Notieren Sie, wann Sie welche Speisen zu sich nehmen und welche Beschwerden auftreten. So können Sie herausfinden, ob Sie auf bestimmte Nahrungsmittel (wie z. B. Milchprodukte) empfindlich reagieren, und diese dann vorübergehend meiden. Bei größeren Beschwerden sollten Sie jedoch auf jeden Fall Ihren Arzt aufsuchen.

In den letzten Jahren hat sich die glutenfreie Ernährung zu einem Trend entwickelt, da oft die Überzeugung geäußert wird, glutenfreie Nahrung sei generell auch für all jene gesünder, die weder an Zöliakie erkrankt sind noch an einer Glutensensitivität oder Weizenallergie leiden. Zahlreiche Publikationen sind erschienen, die einerseits zu erklären versuchen, warum Gluten dick, krank oder dumm macht, beziehungsweise sich andererseits damit beschäftigen, das Gegenteil zu beweisen. Wie dem auch sei, Fakt ist: Wer Zöliakie hat, ist auf eine strikt glutenfreie Ernährung angewiesen – völlig unabhängig von etwaigen neuen Gesundheitstrends!

Das Wichtigste auf einen Blick:

- Gluten ist in allen Weizensorten sowie in Roggen und Gerste enthalten. Durch Kontamination ist auch Hafer meist nicht glutenfrei. Diese Getreide sind folglich für Zöliakiebetroffene schädlich – auch in kleinen Mengen und auch, wenn man sie nur selten zu sich nimmt. Nahrungsmittel, die Gluten in jeder Form und Menge enthalten, müssen Sie deshalb strikt meiden.
- Die Ernährung soll dennoch abwechslungsreich und ausgewogen gestaltet werden. Um Beschwerden und Mangelerscheinungen zu vermeiden, sollten Sie vor allem auch auf eine ausreichende Vitamin- und Mineralstoffzufuhr achten.
- Die glutenfreie Ernährung muss konsequent und definitiv eingehalten werden, um Rückfälle und Komplikationen zu vermeiden.

Die Nahrungsmittelauswahl

Die Ernährung sollte so gestaltet werden, dass das Hauptaugenmerk nicht auf dem Verbotenen liegt, sondern viel eher auf der richtigen Auswahl aus dem reichhaltigen Angebot an Nahrungsmitteln, welche von Natur aus glutenfrei sind. Dazu gehören: frische Waren wie beispielsweise alle Obst- und Gemüsesorten, Milch und Milchprodukte sowie Eier, Fisch und Fleisch; außerdem Kartoffeln und Kartoffelstärke, Reis, Hirse, Buchweizen und Mais, Teff, Quinoa und Amaranth sowie Reis- und Maisstärke, dazu auch alle reinen Fette und Öle. Neuesten Erkenntnissen zufolge ist auch Hafer, der nicht durch anderes Getreide verunreinigt ist, glutenfrei und wird von den meisten Zöliakiepatienten vertragen.

Industriell hergestellte Nahrungsmittel bieten viele Möglichkeiten – beinhalten aber auch gewisse Risiken: Bei Hirse, Buchweizen, Hafer und Mais beispielsweise können Verunreinigungen mit glutenhaltigen Getreidesorten während der Ernte, des Mahlens oder der Verpackung stattgefunden haben. In Konserven, Fertig-, Trocken- und Gefrierprodukten kann Gluten oder Mehl beigemischt worden sein.

Anstelle des üblichen glutenhaltigen Mehls stehen neben dem handelsüblichen Mais- und Reismehl sowie der Kartoffelstärke einige speziell hergestellte glutenfreie Mehlmischungen auf der Basis von reiner Weizenstärke (siehe unten), Reis-, Mais- oder Buchweizenmehl zur Verfügung. Auch seltenere Mehle wie Kastanien- oder Sojamehl kommen in solchen glutenfreien Fertigmischungen zum Einsatz. Mit diesen Mischungen lassen sich die verschiedensten Backwaren von Brot und Brötchen über Nudeln und Pizza bis hin zu Kuchen, Weihnachtsplätzchen und prächtigen Torten anfertigen. Glutenfreie Mehlmischungen und Fertigprodukte (glutenfreie Brote, Zwieback, Nudeln, Pizzaböden, Kekse usw.) sind in Reformhäusern oder über das Internet erhältlich. Auch im gut sortierten Lebensmittelhandel sind immer mehr glutenfreie Lebensmittel zu haben. Manche Lebensmittelketten und namhafte Lebensmittelproduzenten haben sogar schon eigene glutenfreie Produktlinien auf den Markt gebracht. Glutenfreie Lebensmittel werden in zunehmendem Maße durch ein Symbol (durchgestrichene Ähre im Kreis) gekennzeichnet. Außerdem hält die Deutsche Zöliakie-Gesellschaft für ihre Mitglieder umfangreiche, ständig aktualisierte Aufstellungen glutenfreier Lebensmittel bereit.

Anfangs ist es nicht so einfach, die Ernährungsgewohnheiten umzustellen, nach Alternativen zu suchen, die Zutatenlisten zu deuten und alle Fallstricke zu berücksichtigen. Die Gestaltung des Speiseplans fällt dann nach einer Eingewöhnungsphase allerdings meist relativ leicht, da die Auswahl heutzutage ziemlich groß ist und sich einige Alternativen zur gewohnten Nahrung eröffnen. So kann es durchaus spannend sein, bislang unbekannte Lebensmittel zu entdecken, die den glutenfreien Speiseplan bereichern: zum Beispiel Quinoa und Amaranth, Teff-, Kastanien- und Lupinenmehl, Hanf, Chiasamen, Flohsamen und Guarkernmehl, Glas- oder Reisnudeln, ...

Sie können entweder die glutenfreien Versionen der „normalen“ Nahrungsmittel verwenden oder auf von Natur aus glutenfreie Produkte zurückgreifen. Bei der Säuglingsnahrung kann zum Beispiel Reis- oder Mais- statt Weizenvollkornbrei zubereitet werden. Ein Frühstück ist ebenso nahrhaft und lecker mit einem Fruchtjoghurt mit Sonnenblumenkernen, einem Smoothie oder Obstsalat – es muss kein glutenhaltiges Marmeladenbrot sein. Statt Nudeln können Sie Reis, Hirse, Kartoffeln oder Polenta verwenden. Eine Zwischenmahlzeit mit Früchten, Nüssen oder Joghurt schmeckt genauso gut wie Gebäck

– und ist sogar gesünder. Selbstverständlich können Sie auch glutenfreie Brote, Nudeln und Kekse fertig kaufen, sie sind allerdings recht teuer. Oder: Sie beginnen selbst mit dem Backen. Und dabei möchte ich Sie gerne unterstützen und inspirieren!

Die glutenfreie Ernährung kann einer üblichen Mischkost in jeder Hinsicht und für alle Altersgruppen gleichwertig sein, enthält sämtliche Bestandteile einer gesunden Ernährung und bedarf deshalb auf Dauer meist keiner besonderen Ergänzung. (Im Zweifelsfall sollten Sie Ihren Arzt befragen.) In Bezug auf Getreidefaserstoffe könnte jedoch ein gewisser Mangel auftreten: Durch das Meiden von Vollkornprodukten werden dem Darm zu wenig Ballaststoffe zugeführt, welche für die Regulation der Darmtätigkeit wichtig sind. Grob gemahlener Buchweizen oder Mais (Polenta) sowie Vollkornreis und glutenfreies Müsli können diesen Mangel gut kompensieren. Zudem gibt es die Möglichkeit, beispielsweise über Zuckerrübenfasern, Leinsamen oder Sonnenblumenkerne zusätzliche Ballaststoffe aufzunehmen.

Ab Seite 30 erhalten Sie nähere Informationen zur praktischen Umsetzung der glutenfreien Ernährung.

Diätfehler

Während der Heilungsphase unter Glutenausschluss führt bereits die Einnahme von kleinen Glutenmengen prompt zu einer Verschlechterung des Befindens, die – individuell verschieden – mit mehr oder weniger deutlichen Symptomen einhergeht. Nach vollständiger Heilung der Dünndarmschleimhaut reagieren jedoch viele Zöliakiepatienten nicht sofort auf eine einmalige Einnahme geringer Glutenmengen. In der Regel bleiben solche bewussten oder unbewussten Diätfehler deshalb ohne erkennbare Beschwerden, obwohl die Schleimhaut sofort darauf reagiert und geschädigt wird.

In dieser Situation kann deshalb die trügerische Hoffnung aufkommen, dass – entgegen den Aussagen des Arztes – eine definitive „Heilung“, also eine Verträglichkeit von Gluten, eingetreten sei. Allerdings nehmen bei wiederholten Gluteneinnahmen die Schädigungen der Schleimhaut langsam wieder zu, und die Antikörper, die nach dem Glutenausschluss verschwunden waren, können wieder im Blut nachgewiesen werden. Mit der Zeit schleichen sich auch die bekannten Krankheitssymptome immer deutlicher ein. Aus diesem Grund ist eine strikte Einhaltung der Diät ausgesprochen wichtig, zumal andernfalls nachgewiesenermaßen das Krebsrisiko und die Gefahr anderer Folgeerkrankungen stark erhöht sind.

Es gibt allerdings auch Zöliakiekranke, bei denen bereits geringste Mengen Gluten zu starken Schmerzen oder Durchfällen führen. Eine solche einmalige „Ausnahme“ wird durch Abschilferung der geschädigten Zellen und Aufbau neuer Zellen innerhalb von einigen Tagen oder wenigen Wochen vollumfänglich repariert. Wenn keine weitere Gluteneinnahme erfolgt, ist eine vollständige Erholung des Darms nach einem solchen Diätfehler also glücklicherweise innerhalb kurzer Zeit vollzogen.

In den Kapiteln „Praktische Umsetzung der glutenfreien Ernährung“ und „Bewährte Paxistipps für den Alltag“ gehe ich detailliert auf die Fallstricke ein, die Zöliakiepatienten das Leben schwer machen und zu unbewussten Diätfehlern führen können.

Rechtliches

Wie bereits erwähnt, sind inzwischen viele glutenfreie Produkte mit einer durchgestrichenen Ähre im Kreis gekennzeichnet, was die Orientierung ungemein erleichtert. Dieses Symbol ist eine geschützte Marke der Deutschen Zöliakie-Gesellschaft (DZG) und darf nur von Herstellern verwendet werden, die sich verpflichten, die für die Glutenfreiheit erforderlichen Produktionsstandards und Kontrollen einzuhalten. Auch in anderen Ländern wird dieses Symbol inzwischen häufig verwendet.

Hilfreich sind auf jeden Fall die EU-Verordnungen zur Lebensmittelkennzeichnung: Nach einer EU-Richtlinie muss seit dem Jahr 2000 die genaue pflanzliche Herkunft von Stärke in Lebensmitteln angegeben werden. Glutenhaltige Stärke kann man bei Produkten aus EU-Ländern also schon in der Zutatenliste entdecken. Allergene (wie Milch, Nüsse, Sellerie und eben auch Gluten) müssen außerdem seit einigen Jahren in der Zutatenliste hervorgehoben werden. Seit Dezember 2014 gilt auch für lose Ware eine Auskunftspflicht, also beispielsweise an der Fleischtheke oder im Restaurant; in diesen Fällen kann die Auskunft schriftlich oder mündlich erfolgen. Noch ist diese Regelung nicht überall umgesetzt, und manchmal kommt es auch zu Fehlern, aber es bleibt zu hoffen, dass sie den Zöliakiebetroffenen das Leben in Zukunft weiter erleichtern wird.

Darüber hinaus gibt es heute auf vielen Verpackungen den Hinweis, dass das Lebensmittel „Spuren von Gluten" enthalten kann. Diese Formulierung ist als rechtliche Absicherung für den ungewollten Fall von Verunreinigungen gedacht, wenn zum Beispiel im selben Betrieb auch glutenhaltige Produkte hergestellt werden. Dass man diese Produkte bedenkenlos essen kann, wenn sie ohne glutenhaltige Zutaten hergestellt worden sind, bestätigt auch die Deutsche Zöliakie-Gesellschaft.

Obwohl eine lebenslange Ernährungsumstellung für Zöliakiepatienten unumgänglich ist und glutenfreie Produkte deutlich teurer sind, werden vom Finanzamt keine pauschalen Steuerfreibeträge anerkannt. Eine entsprechende Klage wurde im Juli 2010 vom Bundesverfassungsgericht abgelehnt. Auch die Krankenkassen zahlen leider keine Zuschüsse zu Diäten.

Einer 2015 veröffentlichten Studie zufolge betragen die Mehrkosten bei Zöliakie monatlich 97 Euro. Personen, die Hartz IV beziehen, können in Deutschland einen Zuschuss beantragen, der 20 Prozent des Regelsatzes beträgt.

Bei Zöliakie wird in der Regel ein Grad der Behinderung von 20 anerkannt. Ein höherer Grad wird nur bei zusätzlichen Beeinträchtigungen gewährt. Ab einem Grad von 50 liegt eine Schwerbehinderung vor, die diverse Vergünstigungen und steuerliche Vorteile bringen kann.

Praktische Umsetzung der glutenfreien Ernährung

Die glutenfreie Ernährung bedeutet, lebenslang schädigende glutenhaltige Nahrungsmittel konsequent zu meiden und Speisen zu verwenden, die sicher glutenfrei sind. Die nachfolgenden Übersichten und Tipps sollen Ihnen dabei helfen. Als glutenfrei gelten alle Produkte, die von Natur aus kein Gluten enthalten oder einen Grenzwert von 20 ppm (= 20 mg/kg) nicht überschreiten. In der Regel werden von den meisten Zöliakiepatienten bis zu 10 mg Gluten pro Tag vertragen – doch 10 mg Gluten entsprechen nur wenigen Brotkrumen, etwa einem Drittel Crouton oder einer kleinen Nudel ...

Glutenhaltige Produkte

Glutenhaltig und demzufolge verboten:

- Alle Weizensorten (also auch Dinkel, Grünkern, Einkorn, Kamut, Emmer etc.), Roggen und Gerste sowie Mehl aus diesen Getreidesorten; Hafer, der nicht als glutenfrei gekennzeichnet ist
- Alle aus Weizen, Roggen und Gerste hergestellten Backwaren, wie Brot (alle Weiß- und Graubrotsorten, Vollkorn- und Körnerbrote, Toast- und Knäckebrote, Brötchen und Croissants), Zwieback, Biskuits, Waffeln, Kuchen, Torten, Plätzchen, Kekse und anderes Gebäck, Nudeln und Teigwaren aller Art, Ravioli und Lasagne, Spätzle und mehlhaltige Suppeneinlagen, Knödel, Gnocchi und Klöße
- Nahrungsmittel, die aus Gerste hergestellt werden, wie Malz und malzhaltige Getränke (auch Bier und Kaffeeersatz)
- Grieß und Flocken, Schrot und Kleie, Fertigmüsli, Paniermehl, Bulgur und Couscous, sofern sie aus Weizen, Roggen oder Gerste hergestellt sind
- Alle Speisen und Produkte, die Mehl aus den oben erwähnten Getreidesorten enthalten, wie Pfannkuchen, Pizza, Aufläufe, Soßen, Schokoriegel und sonstige Süßwaren, Fertigprodukte, etc.

Erlaubte Nahrungsmittel

Problemlos essbar sind alle Nahrungsmittel und Speisen, die von Natur aus kein Gluten enthalten und sicher nicht mit Gluten vermischt oder verunreinigt sind:

- Kartoffeln, Reis, Mais, Hirse, Hafer und Buchweizen sowie daraus gewonnenes Mehl, Stärke oder Flocken
- Eine Reihe unbekannterer Mehlsorten wie Amaranth, Quinoa, Jamswurzel, Soja, Kastanie, Kichererbse, Maniok bzw. Tapioka, Hanf, Teff, Kokos, Lupine, Linse, Kochbanane
- Reine Weizenstärke (siehe unten)
- Alle Obst- und Gemüsesorten
- Alle Hülsenfrüchte
- Alle Nüsse, Mandeln, Kastanien, Kerne und Saaten (Leinsamen, Sesam, Mohn, Sonnenblumenkerne, Kürbiskerne, Pinienkerne etc.), Chiasamen, Flohsamen, Canihua

- Milch und alle naturbelassenen Milchprodukte wie Joghurt, Sahne, Schmand, Quark, Frischkäse, Buttermilch, Kefir, Molke etc. – Ausnahme: glutenhaltige Joghurts (z. B. Birchermüsli, Fünfkorn-Joghurt) und bestimmte Käsesorten (z. B. Fol Epi und unter Umständen Blauschimmelkäse)
- Fette und Öle, Margarine
- Fleisch, Geflügel, Fisch und deren Produkte (außer bestimmte Wurstsorten und Hackfleischzubereitungen sowie paniertes und in Mehl gewendetes Fleisch bzw. Fisch)
- Eier und Eierspeisen (ausgenommen Pfannkuchen aus glutenhaltigem Mehl)
- Zucker, Marmeladen, Konfitüren und Honig
- Kaffee und Tee (ohne Vitamin- und Aromazusätze), Fruchtsäfte, Wasser, Wein, Sekt, Sherry, Portwein, Obstbrände, Grappa, Cognac, Rum, Ouzo, Wodka und Tequila
- Essig, Kräuter und reine Gewürze

Weizenstärke

Hier sei auf den Sonderfall „Weizenstärke" hingewiesen. Im Handel gibt es zwei verschiedene Sorten von Weizenstärke: Die sogenannte „Prima"-Stärke, in der praktisch keine eiweißähnliche Substanz und somit auch sicher kein Gluten enthalten ist, darf als „glutenfrei" bezeichnet werden und ist folglich erlaubt. Eine solche Stärke kann anstelle von gewöhnlichem Mehl, Mais- oder Kartoffelstärke zum Eindicken von Soßen, für Pfannkuchen und zum Backen verwendet werden. Die anderen Weizenstärkesorten können unter Umständen Spuren von Gluten enthalten. Eine zuverlässige Auskunft darüber ist bei den Herstellern oder Zöliakie-Gesellschaften erhältlich. Wenn ein Produkt ausdrücklich als glutenfrei gekennzeichnet ist, kann es also auch Prima-Weizenstärke enthalten. Normalerweise wird auf der Packung jedoch nicht angegeben, um welche Weizenstärkesorte es sich handelt. Im Zweifelsfall sollten Sie deshalb auch Weizenstärke meiden.

Verstecktes Gluten

In verschiedenen industriell hergestellten oder verpackten Nahrungsmitteln kann Mehl oder Gluten entweder als unbeabsichtigte Beimischung, als Überzug oder auch als Bindemittel enthalten sein (sogenannte Zusatzstoffe). Die Nahrungsmittelgesetzgebung verlangt, dass solche Zusätze auf der Verpackung klar gekennzeichnet werden. Gluten kann sich zum Beispiel auch in „Bindemitteln", „Verdickungsmitteln", „modifizierter Stärke", „pflanzlichem Eiweiß" und dergleichen mehr verstecken, muss dann aber in der Zutatenliste deklariert sein. So kann Gluten in verschiedenen Trockensuppen und Soßen, in Fisch-, Fleisch-, Gemüse- und sogar Fruchtkonserven, Fertiggerichten oder Tiefkühlprodukten enthalten sein. Hier ist also auf jeden Fall Vorsicht geboten. Dasselbe gilt auch für Gewürzmischungen, Aromen und Brotaufstriche, für bestimmte Joghurt- und Käsesorten (siehe oben), Schokolade und andere Süßigkeiten sowie für gewisse Speiseeissorten. Durch verschiedene EU-Verordnungen ist es allerdings in den letzten Jahren zum Glück deutlich einfacher geworden, anhand der Zutatenliste zu erkennen, ob ein Produkt glutenhaltig ist oder nicht. Im Detail können Sie Bestimmungen dazu auf Seite 29 unter der Rubrik „ Rechtliches" nachlesen.

Es gibt eine Reihe von Produkten, in denen man kein Gluten vermuten würde. So enthalten beispielsweise manche Puddingsorten, Backpulver, Ketchup, Sojasauce, gekörnte Brühe, einige Fleischersatzprodukte und Aufstriche, Lakritze und Schokoriegel oft Gluten. Im eigenen Interesse sollten Sie auch hier im Zweifelsfall besser zu Produkten greifen, von denen Sie sicher wissen, dass sie glutenfrei sind.

Bei Medikamenten sollten Sie ebenfalls vorsichtig sein. Weisen Sie Ihren Arzt auf jeden Fall auf Ihre Zöliakie hin, wenn Sie ein neues Medikament verschrieben bekommen. Eine Auflistung glutenfreier Arzneimittel ist ebenso wie die Liste glutenfreier Lebensmittel bei den Zöliakie-Gesellschaften erhältlich.

Eine größere Sicherheit bezüglich der Glutenfreiheit beim Einkauf erlangen Sie im Laufe der Zeit durch kritisches und aufmerksames Studieren der Zutatenlisten. Im Zweifelsfall stehen die ausführlichen und stets überarbeiteten Lebensmittellisten zur Verfügung, die von den Zöliakie-Gesellschaften (siehe Seite 35) sorgfältig zusammengestellt werden. Wichtig ist, darauf zu achten, dass nur aktualisierte Listen verwendet werden, da die Hersteller die Bestandteile ihrer Produkte immer wieder verändern.

Ab Seite 37 finden Sie darüber hinaus eine ganze Reihe bewährter Alltagstipps zur Vermeidung von Diätfehlern.

Im Restaurant

Wie beim Einkaufen kommt es auch hier auf eine kritische, bewusste Auswahl von sicher glutenfreien Gerichten an: Alle Speisen, in denen Mehl oder Gluten enthalten sein könnte, müssen selbstverständlich gemieden werden. Zu diesen gehören besonders Soßen, panierte Produkte, Suppen (außer klaren Gemüse- und Fleischbrühen) sowie Süßspeisen, Gebäck und selbstverständlich Nudeln und alle Pizzavarianten.

Auch wenn es Ihnen schwerfällt oder unangenehm ist: Sie sollten sich angewöhnen, im Restaurant generell nachzufragen, ob in dem von Ihnen gewählten Gericht Gluten enthalten ist; aus der Speisekarte allein ist dies meistens nicht zu erschließen. Gerade wenn Sie neben der Zöliakie noch unter Lebensmittelallergien leiden, ist es hilfreich, eine Liste mit „verbotenen" Zutaten und Produkten zu erstellen, die Sie dem Kellner vorlegen können. Lassen Sie sich nicht mit der Auskunft „Das müsste eigentlich glutenfrei sein." abspeisen! Bitten Sie den Kellner im Zweifelsfall freundlich, aber eindringlich, in der Küche für Sie nachzufragen. Oft ist es kein Problem, das von Ihnen gewählte Gericht gegebenenfalls so abzuwandeln, dass es glutenfrei ist. Immer mehr Köche sind entsprechend geschult und wenden ihr Wissen auch gerne an. So kann es passieren, dass man unaufgefordert sogar extra glutenfreies Brot zur Vorspeise erhält, wenn man generell Bescheid sagt, dass man sich glutenfrei ernähren muss.

Und als kleine Anregung: Wie wäre es, in Ihrem Lieblingscafé oder -restaurant darauf hinzuweisen, dass eine Allergenkennzeichnung in der Speisekarte für Sie (und andere Betroffene) ausgesprochen hilfreich wäre? Oft wird erläutert, welche Gerichte vegetarisch sind oder Farbstoffe enthalten, wobei beides zwar hilfreich, aber nicht lebensnotwendig ist. Zöliakiepatienten sind jedoch unbedingt darauf angewiesen, sich glutenfrei zu ernähren ...

Auf Reisen

Je nach Route und Reiseziel ist es ratsam, einen Vorrat an glutenfreien Fertigprodukten (Brot, Nudeln, Gebäck) mitzunehmen, um Engpässe überbrücken zu können. Im Inland sind Bezugsquellen für glutenfreie Produkte in der Regel bekannt. Bei Auslandsreisen ist es hingegen ratsam, sich vorab zu informieren, wo glutenfreie Produkte erhältlich sind. So ist es beispielsweise in Frankreich deutlich schwieriger als in Deutschland, glutenfreie Produkte zu finden, während in Spanien teilweise große Kaufhausketten eigene Diätabteilungen mit einem umfangreichen glutenfreien Sortiment führen. In Italien sind glutenfreie Produkte unter anderem in Apotheken erhältlich. Und in den USA erhält man recht problemlos in allen größeren Städten glutenfreie Produkte. Die vorherige Information und Vorsorge kann Ihnen unter Umständen Zeit und viele Unannehmlichkeiten ersparen.

Einige Fluggesellschaften stellen nach Voranmeldung glutenfreie Mahlzeiten zur Verfügung, die allerdings teilweise extra in Rechnung gestellt werden. Diese können Sie zusammen mit Ihrem Flug buchen. Auch viele Restaurants und Hotels im In- und Ausland geben sich Mühe, Ihnen nach vorheriger Absprache bei der Gestaltung des Speiseplans entgegenzukommen oder glutenfreie Gerichte vorzuschlagen.

Die Deutsche Zöliakie-Gesellschaft bietet auf ihrer Internetseite neben Informationen zu verschiedenen Reiseländern auch die sogenannte „Bitte an den Koch" in zahlreichen unterschiedlichen Sprachen an. Sollten Sie die Landessprache nicht ausreichend beherrschen, können Sie diesen Text ausdrucken und dem Kellner vorlegen. Das kann sehr hilfreich sein! Auf Deutsch lautet der Text folgendermaßen:

„Ich habe Zöliakie und muss eine strikte glutenfreie Ernährung einhalten. Deshalb darf ich keine Speisen zu mir nehmen, die auch nur kleinste Mengen / Spuren von Weizen, Roggen, Gerste, Hafer, Dinkel und Grünkern bzw. daraus hergestellte Produkte wie z. B. Semmelbrösel, Backerbsen, usw. enthalten. Können Sie mir aus Ihrer Speisekarte für mich geeignete Gerichte nennen oder mein Gericht glutenfrei zubereiten (z. B. durch Weglassen mehlhaltiger Saucen oder unpanierte, unmehlierte Zubereitung)? Bitte verwenden Sie für die Zubereitung saubere, gereinigte Töpfe sowie Geschirr und vermeiden Sie jegliche Kontamination. Sie können ersatzweise für mich geeignete Getreidesorten/-stärke wie Mais, Reis, Hirse, Kartoffelstärke oder auch Buchweizen verwenden. Vielen Dank für Ihre Bemühungen!"

Um im Zweifelsfall Zutatenlisten lesen oder sich vergewissern zu können, bietet es sich auch an, vorab relevantes Vokabular in der Landessprache zusammenzustellen und auf die Reise mitzunehmen.

Einladungen

Wenn Sie eingeladen sind, sollten Sie die Gastgeber auf jeden Fall darauf hinweisen, dass Sie sich glutenfrei ernähren müssen. Sprechen Sie gegebenenfalls im Vorfeld das Menü ab und weisen Sie auf mögliche Fallstricke im Rezept oder bei der Zubereitung hin. Fragen Sie freundlich nach, was Sie essen können. Niemand kann erwarten, dass immer alles glutenfrei hergestellt wird, aber zumindest ein Teil des angebotenen Essens sollte auch für Sie geeignet sein. Im Zweifelsfall können Sie anbieten, selbst etwas zum Büffet beizusteuern – dann sind Sie sicher, dass es etwas definitiv Glutenfreies gibt, und Ihr Gastgeber ist entlastet.

Zöliakie beim Kind

Auch beim von Zöliakie betroffenen Kind ist selbstverständlich auf die strikte Einhaltung der glutenfreien Ernährung zu achten. Das wird möglicherweise schwierig, wenn das Kind erkennt, dass es „verbotene" Lebensmittel gibt. Innerhalb der Familie bietet es sich an, dass sich alle glutenfrei ernähren, damit sich das Kind nicht als Außenseiter fühlt und das Risiko von Diätfehlern minimiert wird. Auch wenn es Ihnen leid tut, dass Ihr Kind nicht alles essen darf: Es gibt ausgesprochen viel, was erlaubt ist und noch dazu sehr gut schmeckt – insbesondere, wenn Sie selbst kochen und backen. Auf jeden Fall sollten Sie Ihrem Kind sehr früh klarmachen, wie ungemein wichtig seine glutenfreie Ernährung ist. Vermitteln Sie ihm unbedingt die Vorteile und eine positive Einstellung. Kindergärtnerinnen, Lehrer, sonstige Betreuer, aber auch die Freunde des Kindes und deren Eltern müssen über die glutenfreie Ernährung aufgeklärt werden. Im Zweifelsfall geben Sie Ihrem Kind lieber eigene Mahlzeiten mit, wenn die glutenfreie Versorgung ansonsten nicht gesichert ist. Und bei einer Einladung zum Kindergeburtstag können Sie selbst einen leckeren, glutenfreien Kuchen beisteuern, damit Ihr Kind nicht zusehen muss, wenn die anderen schlemmen.

Die Zöliakie-Gesellschaften

Eine große Hilfe bieten die Zöliakie-Gesellschaften. Sie sind als Selbsthilfeorganisationen entstanden, haben mit der Zeit ein großes Netz von Mitgliedern aufgebaut und Informationen zusammengetragen. Sie geben direkt und durch ihre regelmäßigen Publikationen Auskunft über alle relevanten Fragen bezüglich Zöliakie und glutenfreier Ernährung. So erhält man Informationen über neue wissenschaftliche Forschungsergebnisse, Rezensionen zu relevanten Koch- und Backbüchern, Veranstaltungshinweise, Kontaktadressen von regionalen Gesprächsgruppen, Adressen von Restaurants und Hotels im In- und Ausland mit glutenfreiem Speisenangebot sowie Anschriften von Zöliakie-Gesellschaften anderer Länder. Es werden regionale und landesweite Zusammenkünfte zum Informationsaustausch und Backkurse organisiert. Außerdem stehen detaillierte und stets aktuell erweiterte Aufstellungen von glutenfreien Nahrungsmitteln und Medikamenten zur Verfügung. (Laktosefreie Produkte sind speziell gekennzeichnet). Insgesamt bieten diese Gesellschaften also eine Fülle von wertvollen Auskünften, die das Leben mit einer glutenfreien Ernährung erheblich einfacher gestalten. Die Zusammenarbeit der nationalen Gesellschaften in einer Weltföderation von Zöliakie-Gesellschaften bewirkt auch, dass international festgelegte gesetzliche Normen für die klare Bezeichnung von Glutenzusätzen und von definitiv glutenfreien Lebensmitteln eingeführt werden, um solche Produkte mit Sicherheit erkennen zu können. Es ist also auf jeden Fall ratsam, Mitglied der nationalen Zöliakie-Gesellschaft zu werden.

Die Adressen der deutschsprachigen Gesellschaften:

Deutschland
DZG Deutsche Zöliakie-Gesellschaft e.V.
Kupferstr. 36, D-70565 Stuttgart
Tel. 0711/459981-0, Fax 0711/459981-50
E-Mail: info@dzg-online.de
Internet-Seite: www.dzg-online.de

Österreich
Österreichische Arbeitsgemeinschaft Zöliakie
Anton-Baumgartner-Straße 44/C5/2302, A-1230 Wien
office@zoeliakie.or.at
www.zoeliakie.or.at

Schweiz
Schweizerische Interessengemeinschaft für Zöliakie
Güterstrasse 141, CH-4053 Basel
sekretariat@zoeliakie.ch
www.zoeliakie.ch

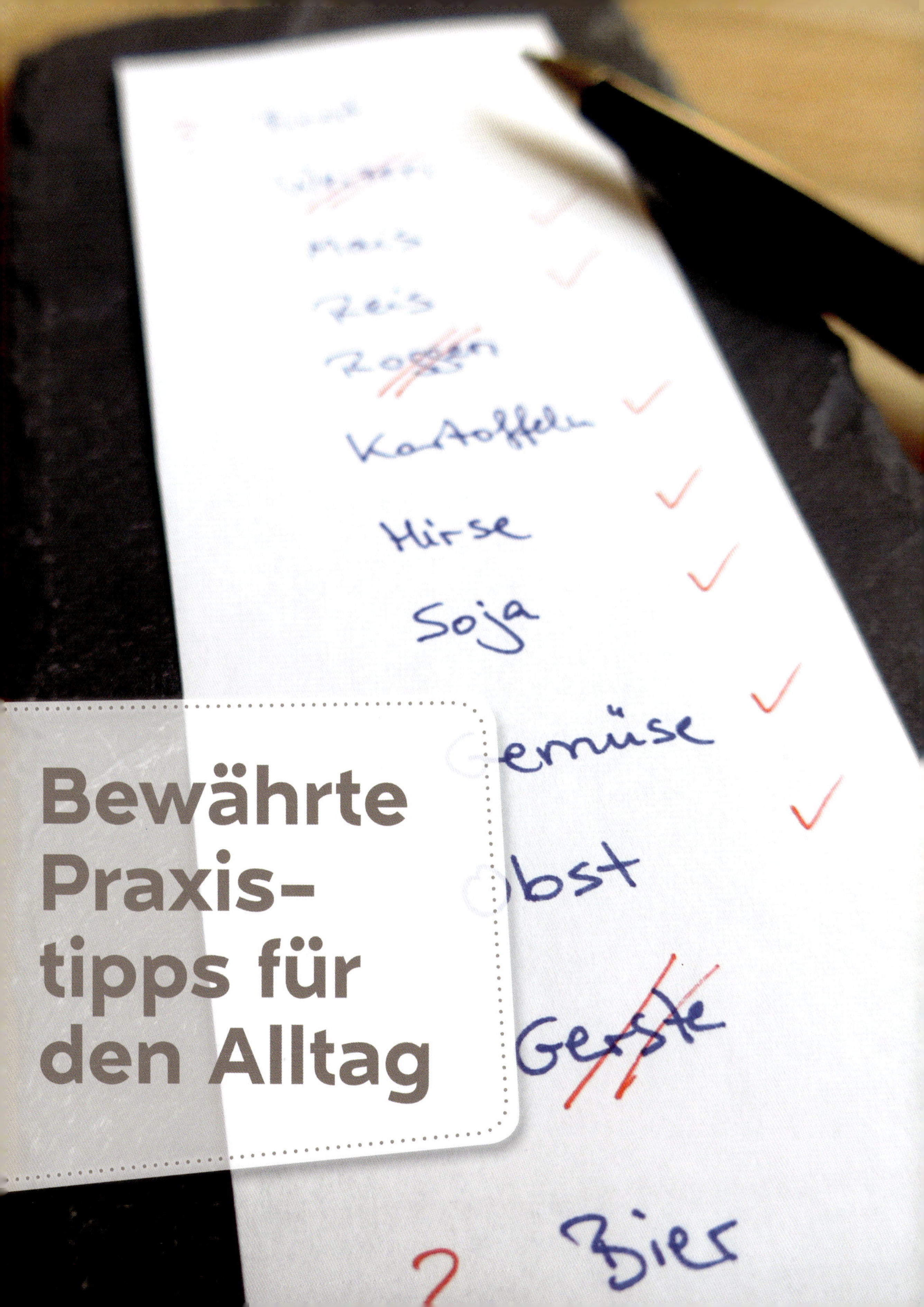

Bewährte Praxistipps für den Alltag

Auch erfahrene Zöliakiepatienten begehen unbewusst gelegentlich einen Diätfehler. Um das Risiko weitestgehend zu minimieren, ist beim Essen und Trinken stets größte Vorsicht geboten. Auch wenn es Ihnen schwerfällt, Sie nicht gerne im Mittelpunkt stehen, eine Sonderbehandlung ablehnen und ungern um Rücksichtnahme bitten: Gehen Sie offen mit Ihrer Krankheit um, studieren Sie Zutatenlisten, lassen Sie sich nicht vom Restaurantbesuch abhalten, erklären Sie Freunden und Kellnern gegebenenfalls genau, worauf es ankommt, fragen Sie nach, nehmen Sie auf Reisen und zu Einladungen eine glutenfreie Notration mit, backen und kochen Sie selbst und lassen Sie sich nicht unterkriegen!

Es ist, wie es ist – versuchen Sie also, es positiv zu sehen: Freuen Sie sich darüber, dass Ihre Freunde extra für Sie einen glutenfreien Kuchen gebacken, sich Mühe gegeben oder glutenfreies Brot für Sie besorgt haben! Oder dass der Kellner so freundlich auf Ihre Nachfrage eingegangen ist und der Koch das Gericht so gekonnt für Sie abgewandelt hat.

Um Ihnen schmerzvolle Missgeschicke zu ersparen, habe ich nachfolgend eine ganze Reihe von Hinweisen und Tipps für Sie zusammengestellt.

Allgemeines

- Je besser Sie selbst Bescheid wissen, desto eher können Sie Diätfehler vermeiden. So kann es beispielsweise passieren, dass ein Koch Ihnen erklärt, seine Biersoße könnten Sie essen (da er sie nicht mit Mehl gebunden hat). Dass Bier glutenhaltig ist, daran hat er nicht gedacht – aber Sie wissen es!
- Weisen Sie bei Essenseinladungen Familienmitglieder oder Ihre Freunde beziehungsweise im Restaurant den Kellner gegebenenfalls auf Fehlerquellen hin. Sie vermuten sonst sicher nicht, dass beispielsweise gekörnte Gemüsebrühe und Sojasoße häufig Gluten enthalten.
- Entwickeln Sie Freude am Experimentieren in der Küche: So erweitern Sie das Spektrum Ihrer glutenfreien Möglichkeiten. Es ist ein gutes Gefühl, wenn auch Menschen, die sich nicht glutenfrei ernähren müssen, begeistert sind und nach dem einen oder anderen Rezept fragen.
- Lassen Sie sich nicht so schnell entmutigen: Glutenfreie Zutaten haben häufig andere Eigenschaften als glutenhaltige. Im Kapitel „Küchentipps aus der Praxis“ finden Sie allerlei hilfreiche Küchenratschläge. Und außerdem: Auch beim „normalen“ Kochen und Backen gelingt ja nicht immer alles auf Anhieb!
- Stellen Sie für sich selbst nicht den Verzicht in den Vordergrund, sondern die Vielfalt! Es gibt ganz viel, was von Natur aus glutenfrei ist, und zahlreiche Ihrer ehemaligen Lieblingsspeisen können Sie auch glutenfrei herstellen oder kaufen.
- Falls Sie trotz glutenfreier Ernährung Beschwerden haben, sollten Sie unbedingt lernen, auf Ihren Körper zu achten. Im Zweifelsfall hilft auch ein Ernährungstagebuch um herauszufinden, ob Sie neben der Zöliakie vielleicht eine Laktoseintoleranz, bestimmte Unverträglichkeiten oder Allergien haben.
- Finden Sie heraus, was Ihnen guttut, wenn Sie doch einmal einen Diätfehler begangen haben. Ablenkung, Schmerzmittel, Wärmflasche oder Kühlakku auf dem Bauch, Ruhe, Entspannung, ein heißes Bad, eine Massage, Jin Shin Jyutsu, ...
- Die Zusammensetzung von fertig gekauften Lebensmitteln kann sich ändern: Was gestern noch glutenfrei war, ist es heute möglicherweise nicht mehr. Werfen

Sie deshalb auch bei Produkten, die Sie kennen, sicherheitshalber einen Blick auf die Zutatenliste!

- Wenn Sie sich mal nicht sicher sind, ob ein Produkt glutenfrei ist, sollten Sie die Lebensmittellisten der Zöliakie-Gesellschaft konsultieren. Falls das gesuchte Produkt nicht aufgeführt ist – lieber verzichten!
- Gehen Sie mal im Asialaden stöbern: Da gibt es viele bei uns eher unbekannte, glutenfreie Produkte – zum Beispiel Reisnudeln, Glasnudeln, Reisteigblätter, Papadam aus Linsenmehl und vieles mehr.
- Erweitern Sie Ihre Einkaufsmöglichkeiten auch durch Reformhäuser, Bioläden und das Internet.

Tipps zu verstecktem Gluten

- Andere Länder, andere Sitten: Was in Deutschland glutenfrei ist, muss es im Ausland nicht zwangsläufig auch sein. So kann beispielsweise Currypulver in anderen Ländern mit Mehl versetzt sein. Und Trockenfeigen sind in Spanien manchmal bemehlt, während in England Senf gelegentlich Mehl enthält.
- Andere Bundesländer, andere Sitten: Mag sein, dass Sie Sauerkraut generell glutenfrei zubereiten. Doch in Thüringen wird es gern mit Bier gekocht, während die Bayern es gelegentlich mit einer Mehlschwitze andicken. Also lieber nachfragen!
- Wenn Sie Ihr glutenfreies Getreide frisch mahlen lassen, sollte die Getreidemühle vorher unbedingt sauber gemacht werden, um Verunreinigungen mit glutenhaltigem Getreide zu vermeiden. Am besten benutzen Sie Ihre eigene Getreidemühle.
- Essen Sie gern Dönerfleisch? Oft werden zwischen die Fleischlagen auf dem Spieß Semmelbrösel gestreut.
- Unklarheiten gibt es immer wieder beim Thema Schnaps. Durch die Destillation enthält ein „Korn“ beispielsweise kein Gluten mehr. Allerdings kann es zu Verunreinigungen kommen, und möglicherweise wird nach der Destillation noch etwas Glutenhaltiges zugesetzt – das ist zum Beispiel beim Malzwhisky der Fall.
- Reiner Tofu ist glutenfrei, Seitan nicht! Auch Räuchertofu enthält häufig Gluten.
- Viele Schokoriegel, Lakritz- und Chipssorten enthalten Gluten.
- Verstecktes Gluten findet sich auch oft in Würzsoßen, Gemüsebrühe oder Gewürzmischungen.
- Pikant gewürzte oder ohne Fett geröstete Erdnüsse sind häufig glutenhaltig.
- Es gibt Eissorten, die Gluten enthalten. Erstaunlicherweise sind das nicht nur Sorten, die beispielsweise Kekssstückchen enthalten – auch ein „unverdächtig wirkendes“ Apfel-Zimt-Eis kann glutenhaltig sein. Fragen Sie in der Eisdiele sicherheitshalber nach.
- Auch Sahnesteif enthält möglicherweise Gluten, Backpulver gelegentlich ebenfalls.
- Obwohl Cornflakes aus Mais bestehen, sind sie nicht immer glutenfrei.
- Es ist etwas verwirrend, aber Glukose und Dextrose auf Weizenbasis, Maltodextrin auf Weizenbasis und Glukosesirup auf Gerstenbasis sind glutenfrei.
- Bier ist wirklich glutenhaltig! Aber es werden inzwischen auch verschiedene glutenfreie Sorten angeboten.

- Ein Produkt, das Gerstenmalzextrakt enthält, kann – je nach Menge und Glutengehalt des verwendeten Gerstenmalzextrakts – glutenfrei oder glutenhaltig sein.
- Auch Medikamente, Lippenpflegeprodukte, Zahnpasta und Nahrungsergänzungsmittel können Gluten enthalten.
- Falls Ihr Kind Zöliakie hat: Achten Sie darauf, dass die Knete, mit der es spielt, glutenfrei ist.

Tipps für den Haushalt

- Falls es in Ihrem Haushalt auch glutenhaltige Produkte gibt, sollten Sie auf besondere Sauberkeit achten. Glutenhaltige Produkte sollten gut verpackt und kenntlich gemacht sein, Brösel immer gleich weggewischt werden.
- Messer, die beispielsweise zum Schneiden glutenhaltigen Brotes verwendet wurden, am besten sofort abspülen.
- Wenn zweierlei Sorten Nudeln gleichzeitig gekocht werden – glutenhaltige und glutenfreie –, muss für jeden der beiden Töpfe ein eigener Löffel zum Umrühren verwendet werden. Und dann sollten Sie die glutenfreien Nudeln als erste abgießen oder zwischendurch das Sieb spülen.
- Einen Brotkorb mit glutenhaltigem Brot nicht über glutenfreie Speisen hinweg weiterreichen!
- Verwenden Sie Löffel, um sich Marmelade, Dips, Quark oder Frischkäse zu nehmen. Dadurch gelangen keine (glutenhaltigen) Krümel hinein.
- Falls es glutenhaltige und glutenfreie Kuchen gibt, sollten dafür getrennte Kuchenplatten und Tortenschaufeln verwendet werden.
- Alle Küchengeräte und Utensilien (Schneidbretter, Pfannen, Backformen, Messer usw.), die auch mit glutenhaltigen Speisen in Berührung kommen, generell sofort abspülen.
- Wenn Sie eine Fritteuse benutzen, in der zuvor etwas Glutenhaltiges zubereitet wurde, muss das Öl ausgetauscht und die Fritteuse gründlich gereinigt werden.
- Beim Käsefondue brauchen Sie eine eigene Schüssel, da sonst durch diejenigen, die glutenhaltiges Brot hineintunken, das Fondue verunreinigt wird.
- Viele glutenfreie Brotsorten schmecken leckerer, wenn man sie toastet.
- Besorgen Sie sich sogenannte Toastabags: Mithilfe dieser Hüllen können Sie auch einen „kontaminierten" Toaster verwenden.
- Frieren Sie einen Teil des glutenfreien Kuchens oder einige Scheiben Ihres frischen Brotes ein, damit Sie immer etwas vorrätig haben.
- Selbstgebackenes schmeckt meistens leckerer als Gekauftes. Wenn Sie Ihr glutenfreies Brot selbst backen möchten, bietet sich der Kauf eines Brotbackautomaten an.
- Frisch gebackenes glutenfreies Brot sollten Sie erst nach dem Auskühlen anschneiden.
- Mixen Sie sich Ihr Müsli selbst – zum Beispiel aus glutenfreien Haferflocken, diversen Trockenfrüchten, Rosinen, Sonnenblumenkernen, Sesam, Kürbiskernen, Leinsamen, Kokos- und Bananenchips.

Nun sind Sie gewappnet und mit einer Fülle von Informationen, Hinweisen und Ratschlägen versorgt. Im zweiten Teil dieses Buches erhalten Sie konkrete Küchentipps – und dann geht es ums Kochen und Backen!

Teil II:

Küchentipps und Infos zu den Rezepten

Küchentipps aus der Praxis

Glutenfreies Mehl

Gluten sorgt normalerweise für die guten Backeigenschaften wie Zusammenhalt, Lockerung, Konsistenz und Geschmeidigkeit des Teigs. Es gibt fertige glutenfreie Mehlmischungen, Sie können aber auch Ihren eigenen Mix zusammenstellen. Experimentieren Sie mit den unterschiedlichen Mehl- und Stärkesorten, aber auch mit einem Zusatz von Chia- oder Flohsamen, Guarkern-, Pfeilwurzel- oder Johannisbrotkernmehl beziehungsweise Xanthan, die für bessere Backeigenschaften sorgen. Mit der Zeit werden Sie Übung darin bekommen und herausfinden, was für die verschiedenen Teigsorten oder Ihre Vorlieben hinsichtlich Geschmack und Konsistenz am besten passt. Andererseits spricht auch nichts dagegen, dass Sie im Handel erhältliche glutenfreie Fertigmehlmischungen verwenden, wenn Sie keine Zeit oder Lust zum Ausprobieren haben.

Wenn Sie süßes Gebäck, helle Brötchen, Torten oder Kuchen backen möchten, empfiehlt sich am ehesten eine helle Mehlmischung, also beispielsweise Kartoffelmehl, glutenfreie Weizenstärke, Sojamehl, weißes Maismehl und eventuell Kichererbsenmehl. Für kräftiges Brot oder würzige Brötchen eignet sich eine dunkle Mehlmischung, also Hirsemehl, Teffmehl, Buchweizenmehl, Kastanienmehl (Vorsicht: süßlich!), Amaranthmehl, Jamswurzelmehl, Reis- und Maismehl.

Die verschiedenen glutenfreien Mehle haben unterschiedliche Eigenschaften. Maismehl und Maisgrieß nehmen beispielsweise recht viel Wasser auf, sodass das Gebäck leicht weich werden kann. Mischt man Reismehl unter, das Gebäck eher trocken werden lässt, erreicht man bessere Backeigenschaften; außerdem schmeckt man das intensive Maismehl dann nicht so stark heraus. Durch das Hinzufügen von Soja- und Kartoffelmehl wird eine bessere Bindung gewährleistet. Kichererbsenmehl verleiht dem Teig eine gelbe Färbung (wie auch Soja-, Mais- und Lupinenmehl) und macht ihn schwerer. Je mehr Mehlsorten man mischt, desto geringer ist die Gefahr, dass eine besonders vorschmeckt.

Äußerst geschmacksintensiv sind beispielsweise Kastanienmehl, Lupinenmehl und Kokosmehl, sodass Sie diese Sorten am besten nur in geringen Mengen verwenden. Wenn Sie einen nussigen Geschmack bevorzugen, bietet es sich an, Ihrem Teig etwas Teffmehl, Buchweizenmehl, Kastanienmehl oder Canihua beizumischen.

Mein Vorschlag für eine „Allzweckmehlmischung“: 100 Gramm Reismehl, 100 Gramm Kichererbsenmehl, 50 g Kartoffelstärke und als Bindemittel 1 Teelöffel Guarkernmehl.

Für den schnellen Überblick finden Sie nachfolgend noch einmal eine Liste mit gängigen und weniger bekannten glutenfreien Mehlen sowie deren Eigenschaften. Die verschiedenen Mehlsorten sind nach Relevanz sortiert.

Reis	Milder Geschmack. Neutrales Allzweckmehl. Lässt Backwaren tendenziell ein wenig trocken werden. Gute Backeigenschaften. Am besten in Vollkornqualität verwenden.
Kichererbse	Leicht nussiger, aromatischer und recht intensiver Geschmack. Vielseitig verwendbar.
Kartoffelstärke	Neutral, vielseitig verwendbar. Bindet Flüssigkeit.
Mais	Gelbes Maismehl: sehr intensiver Geschmack, süßlich. Lässt Backwaren eher weich werden. Sofern möglich, weißes Maismehl verwenden, das weniger intensiv schmeckt und bessere Backeigenschaften hat.

Teff	Nussig, intensiv, aromatisch, süßlich. Gute Backeigenschaften.
Hirse	Aromatisch, süßlich, pulverig. Braucht viel Flüssigkeit.
Buchweizen	Kräftig, nussig, herb.
glutenfreie Weizenstärke	Neutral, vielseitig verwendbar.
glutenfreier Hafer	Nussig, bitter. In kleinen Mengen beimischen.
Soja	Nussig, intensiver Geschmack. Verdickungsmittel. In kleinen Mengen beimischen. Wird schnell ranzig.
Quinoa	Leicht nussig, leicht bitter. Trägt zu guter Textur des Teigs bei.
Amaranth	Nussig, intensiv. In kleinen Mengen beimischen.
Kastanie	Aromatisch, intensiv, süßlich, leicht bitter.
Kokos	Süßlich, aromatisch. Saugt viel Flüssigkeit auf, Bindemittel.
Lupine	Intensiv, süßlich. Eiweißreich. Gute Backeigenschaften. In kleinen Mengen beimischen.
Jamswurzel, Yamswurzel	Klebereigenschaften, Verdickungsmittel, sehr stärkehaltig. Verleiht gute Konsistenz. In kleinen Mengen beimischen.
Maniok, Tapioka	Sehr fein, süßlich, macht Teig geschmeidig. Bindemittel. In kleinen Mengen beimischen.
Hanf	Nussig, intensiv. In kleinen Mengen beimischen.
Linse	Macht Teig geschmeidig. Intensiver Nachgeschmack. In kleinen Mengen beimischen.
Klebreis	Neutral. Sehr stärkehaltig, Verdickungsmittel.
Sorghum, Milo	Leicht nussig, leicht süß, recht neutral.
Canihua	Nussig, schokoladig, intensiv, rustikal. In kleinen Mengen beimischen.
Kochbanane	Nussig, mild. Stärkehaltig. Bindemittel. Saugt viel Flüssigkeit auf.

Darüber hinaus können Sie natürlich – je nach Backware – auch einen Teil Ihres glutenfreien Mehls durch gemahlene Mandeln, Haselnüsse, Sonnenblumenkerne oder Leinsamen ersetzen.

Zusätze für glutenfreies Mehl

Glutenfreies Gebäck muss weder steinhart noch krümelig werden. Als Bindemittel und zur Verbesserung der Backeigenschaften bieten sich folgende, bereits erwähnte Produkte an:

- Chiasamen
- Flohsamen
- Guarkernmehl
- Pfeilwurzelmehl
- Johannisbrotkernmehl
- Xanthan

Die Bindemittel Guarkern-, Johannisbrotkern- und Pfeilwurzelmehl mischen Sie in kleinen Mengen unter das Mehl. Chia- und Flohsamen können Sie mit etwas Wasser anrühren und zehn Minuten quellen lassen, bevor Sie das auf diese Weise entstandene Gel zum Teig geben. Alternativ verwenden Sie Chia- und Flohsamen gemahlen; dann setzen Sie diese dem glutenfreien Teig in geringen Mengen zu.

Brot backen

Wenn Sie Ihr Brot größtenteils selbst backen, lohnt sich die Anschaffung eines Brotbackautomaten, der Ihnen viel Arbeit abnimmt. Ansonsten können Sie Brot aber auch als Laib oder Fladen auf dem Blech, in einer Kastenform oder im Römertopf backen. Brotteig ist meist recht schwer, und damit er nicht krümelig wird, ist die Verwendung von Floh- oder Chiasamen, glutenfreiem Trockensauerteig und/oder Guarkernmehl besonders zu empfehlen. Wenn Sie durchgepresste Kartoffeln oder geriebene Zucchini unter den Teig mischen, wird Ihr Brot schön saftig.

Eine besonders gute Kruste erhält das Brot, wenn Sie eine feuerfeste Schale mit Wasser unten in den Backofen stellen. Außerdem können Sie das Brot vor dem Backen mit etwas Wasser oder Milch bepinseln.

Schneiden Sie Ihr Brot erst nach dem Auskühlen an. Brot sollte im Kühlschrank aufbewahrt werden. Da glutenfreies Brot oft ziemlich schnell austrocknet, sollte es relativ schnell verbraucht werden. Falls Sie Brot einfrieren möchten, schneiden Sie es am besten vorher in Scheiben, sonst bröckelt es später eventuell beim Zerschneiden.

Verschiedene Teigarten/Verarbeitung

Glutenfreier Teig sollte in der Regel etwas weicher sein als glutenhaltiger, da er noch quillt oder nachtrocknet. Wenn Sie Ihre alten Lieblingsrezepte glutenfrei umstellen wollen, ist es deshalb häufig erforderlich, ein zusätzliches Ei oder etwas mehr Flüssigkeit beziehungsweise etwas weniger glutenfreies Mehl zu verwenden. Darüber hinaus finden Sie nachfolgend besondere Tipps für bestimmte Teigarten.

Hefeteig

Da glutenfreie Teige meist schwerer sind als glutenhaltige, stellen Sie Hefeteig am besten mit Trockenhefe her, kneten ihn nicht zu lange und lassen ihn nur einmal direkt vor dem Backen aufgehen. Dazu heizen Sie den Backofen auf 50 °C vor, schalten ihn dann aus und stellen die mit einem (feuchten) Tuch bedeckte Schüssel mit dem Teig hinein. Glutenfreier Hefeteig braucht länger zum Aufgehen als glutenhaltiger – planen Sie also am besten mindestens eine Stunde ein. Wenn Sie einen Teelöffel oder Esslöffel Obstessig unter den Hefeteig rühren, wird er lockerer.

Mürbteig

Glutenfreier Mürbteig ist oft sehr bröselig. Wenn Sie ein Ei unterkneten, wird Ihr Mürbteig weniger brüchig. Auch Flohsamen und Chiasamen sowie ein wenig Guarkernmehl machen den Teig geschmeidiger.

Fettgebackenes

Fettgebackenes wird schön locker und saftig, wenn Sie etwas gekochten, passierten Reis unter den Teig mischen.

Panieren und das Binden von Soßen

Wenn Sie Fleisch (beziehungsweise Fisch, Käse oder etwas anderes) panieren möchten, verquirlen Sie ein Ei (eventuell mit etwas Milch) und wenden das Fleisch darin. Danach wälzen Sie es in einer Mischung aus 2 Esslöffeln Maisgrieß und 1 Esslöffel Parmesan. Wenn Sie eine dicke Panade wünschen, wiederholen Sie den Vorgang. Dann backen Sie das Fleisch in heißem Fett in einer Pfanne aus. Alternativ können Sie auch fertiges glutenfreies Paniermehl kaufen. Und wer es etwas ausgefallener mag, kann zum Beispiel auch mal Sesam oder zerkleinerte glutenfreie Cornflakes als „Semmelbröselersatz" verwenden.

Soßen binden Sie am besten mit etwas in Wasser aufgelöstem Kartoffelmehl oder Maisstärke. Rühren Sie die Mischung in die Soße und lassen Sie diese einmal kurz aufkochen.

Allgemeine Hinweise zu den Rezepten

Selbstverständlich gibt es zahllose Speisen, die ohnehin in der Regel ohne Gluten auskommen: die meisten Salate, viele Suppen, Eintöpfe und Aufläufe, Gemüsepfannen und Reisgerichte, gebratener Fisch oder gegrilltes Fleisch beispielsweise. Entsprechende Rezepte sind in diesem Buch nur vereinzelt und exemplarisch zu finden, da sie für Zöliakiekranke keine besondere Herausforderung darstellen und keine Umstellung erfordern. Wenn Sie darüber nachdenken, werden Ihnen sicher zahlreiche Gerichte einfallen, die Sie nach wie vor problemlos zubereiten können. Ich muss Ihnen auch nicht erklären, dass Sie Ihr Lieblingsnudelgericht weiterhin essen können, wenn Sie die glutenhaltigen durch glutenfreie Nudeln ersetzen (sofern die Soße kein Gluten enthält).

Generell geht es mir darum, Ihnen Alternativen zu Gerichten anzubieten, die normalerweise glutenhaltig sind. Besondere Aufmerksamkeit liegt deshalb natürlich auf dem Backen, da dafür normalerweise glutenhaltiges Mehl verwendet wird.

Die verschiedenen Teigsorten lassen sich unterschiedlich gut mit glutenfreiem Mehl kombinieren. Mürbteig wird beispielsweise krümeliger als die glutenhaltige Version, während Hefeteig schlechter aufgeht; und es gibt einige Tricks, um die Probleme bei den jeweiligen glutenfreien Varianten in den Griff zu bekommen – dazu finden Sie weitere Hinweise im vorangegangenen Kapitel „Küchentipps aus der Praxis“. Aber in der Regel wird es Ihnen ohne Schwierigkeiten gelingen, bei Ihrem Lieblingsrezept für Rührkuchen das glutenhaltige durch glutenfreies Mehl auszutauschen.

Achten Sie bitte stets darauf, dass auch alle anderen Zutaten, die Sie verwenden, glutenfrei sind. Insbesondere bei Backpulver, Sahnesteif, Sojasoße und Gewürzmischungen ist besondere Vorsicht geboten (Eine detaillierte Liste mit möglichen Stolperfallen finden Sie ab Seite 39).

Wenn in einem Backrezept eine kleine Menge gemahlener Chiasamen oder Guarkernmehl angegeben ist, um das Gebäck saftiger zu machen und für eine gute Konsistenz zu sorgen, können Sie alternativ auch gemahlene Flohsamen beziehungsweise Johannisbrotkernmehl verwenden. Notfalls können Sie diese Zutaten auch ganz weglassen, wenn Sie sie nicht zur Hand haben. Dann ist allerdings damit zu rechnen, dass der Teig weniger geschmeidig und das Endprodukt krümeliger wird.

Nicht jeder will Kichererbsenmehl oder Reismehl kaufen, und viele Zöliakiebetroffene greifen lieber auf fertige glutenfreie Mehlmischungen zurück. Die in meinen Rezepten angegebenen Mehle können in der Regel durch andere glutenfreie Mehlsorten oder -mischungen ersetzt werden. Allerdings ist es möglich, dass sich dadurch die Backeigenschaften, die Konsistenz oder der Geschmack ändern.

Dasselbe gilt für die verschiedenen glutenfreien Mehlmischungen, die meist untereinander ausgetauscht werden können, sich aber aus unterschiedlichen Zutaten zusammensetzen und nicht immer alle für jeden Zweck gleich gut geeignet sind. Meist machen die Hersteller selbst Angaben, wofür ihre glutenfreien Mischungen bevorzugt gedacht sind. Es lässt sich nicht generell sagen, dass die Mehlmischung eines bestimmten Anbieters durchweg besser wäre als die eines anderen. Probieren Sie im Zweifelsfall verschiedene Sorten um herauszufinden, welche Ihnen am meisten zusagt. Wenn ich bei meinen Rezepten als Zutat „glutenfreie Mehlmischung“ angebe, habe ich in der Regel verschiedene Fertigmischungen ausprobiert und jeweils ein gutes Ergebnis erzielt. Es ist also normalerweise problemlos möglich, einen beliebigen Fertigmehlmix zu wählen.

Wenn Sie sich Ihr glutenfreies „Allzweckmehl“ selbst mischen möchten, bietet es sich beispielsweise an, 100 Gramm Reismehl, 100 Gramm Kichererbsenmehl und 50 Gramm Kartoffelstärke zu kombinieren und als Bindemittel einen Teelöffel Guarkernmehl hinzuzufügen.

Für den Fall, dass Sie in meinen Rezepten Buchweizenmehl vermissen: Ich habe leider eine Allergie gegen Buchweizenmehl und verwende es deshalb nicht. Das sollte Sie aber natürlich nicht daran hindern, mit diesem Mehl ebenso wie mit den anderen glutenfreien Mehlen zu experimentieren.

Im vorangegangenen Kapitel finden Sie noch einige weiterführende Hinweise zu den verschiedenen glutenfreien Mehlsorten.

Hinzu kommt, dass jeder Backofen unterschiedlich bäckt, sodass Sie eventuell die Backzeiten und Temperaturen ein wenig an Ihre Gegebenheiten anpassen müssen. Sofern nicht anders angegeben, backe ich mit Heißluft, aber manchmal trocknet das Gebäck damit etwas zu stark aus, und möglicherweise ist bei Ihrem Ofen Ober-Unterhitze generell besser geeignet.

Wenn Sie nicht gerade Butterplätzchen backen, ist es in der Regel unerheblich, ob Sie Margarine oder Butter verwenden – es sei denn, Sie lieben den Geschmack der Butter. Margarine ist zwar in der Regel ein stärker verarbeitetes Lebensmittel als Butter, enthält aber kein Cholesterin und hat (gemessen an der CO_2-Emission) einen deutlich positiveren ökologischen Fußabdruck als diese. Da sie darüber hinaus laktosefrei ist, verwende ich lieber Margarine zum Backen. Aber selbstverständlich können Sie diese in allen Rezepten durch Butter ersetzen.

Ähnliches gilt für die anderen Milchprodukte: Wenn Sie, wie ich, unter Laktoseintoleranz leiden, können Sie beim Kochen und Backen Sahne, Quark, Frischkäse, Milch und ähnliches immer durch die jeweiligen laktosefreien Versionen oder milchfreie Ersatzprodukte ersetzen.

Noch ein Hinweis zur Zuckermenge: Ich mag es nicht, wenn Backwaren sehr süß sind. Deshalb nehme ich in der Regel etwa ein Viertel weniger Zucker als in herkömmlichen Rezepten angegeben ist. Wenn Sie es süßer mögen, können Sie natürlich die Zuckermenge entsprechend erhöhen.

Statt Vanillezucker verwende ich normalerweise meist das ausgekratzte Mark von Vanilleschoten. Aber diese beiden Zutaten sind austauschbar, sodass Sie natürlich auch herkömmlichen Vanillezucker oder Vanilleextrakt wählen können.

Ein weiterer Tipp: Lesen Sie sich vor dem Kochen oder Backen das gewählte Rezept einmal ganz durch. Sonst fällt Ihnen vielleicht erst während der Zubereitung auf, dass der Teig eigentlich zwischendurch eine Stunde ruhen oder das Fleisch vorab mariniert werden sollte.

Die Kochmützen

Auf konkrete Zeitangaben für die Zubereitung der Rezepte habe ich verzichtet, denn wie lange Sie brauchen, hängt auch von Ihrer individuellen Erfahrung und Schnelligkeit ab. Stattdessen finden Sie bei allen Rezepten ein bis drei Kochmützen. Eine einzelne

Kochmütze bedeutet, dass das Rezept einfach und auch für Anfänger unproblematisch ist beziehungsweise nicht viel Zeit in Anspruch nimmt. Zwei Kochmützen bezeichnen ein etwas aufwendigeres Rezept, und drei Kochmützen stehen für ein Rezept, das Übung und/oder viel Zeit erfordert.

Lassen Sie sich nicht entmutigen, wenn Ihnen einmal etwas nicht gelingt – das kann jedem passieren. Vielleicht lag es einfach daran, dass Ihr Ei kleiner war als das, was ich verwendet habe, oder dass Sie eine der angegebenen Zutaten ausgetauscht oder weggelassen haben. Beim nächsten Versuch nehmen Sie dann möglicherweise etwas mehr Flüssigkeit oder fügen gemahlene Chiasamen hinzu, und schon wird es klappen. Möglicherweise finden Sie auch in der Rubrik „Küchentipps" einen Hinweis, der Ihnen weiterhilft. Und wenn Sie einen misslungenen Kuchen mahlen, können Sie die Brösel beispielsweise noch für den Boden einer Kühlschranktorte verwenden.

Alle Rezepte in diesem Buch sind selbstverständlich nicht nur für erfahrene Hobbyköche und -bäcker, sondern auch für Laien geeignet: Ich selbst bin weder Köchin, noch Bäckerin oder Konditorin und verfüge auch nicht über ausgefallene Spezialgeräte. Im Gegensatz zu anderen Koch- und Backbüchern zeigen die Fotos in meinem Buch tatsächlich die in der eigenen Küche selbst gemachten Speisen. Diese sind überdies nicht von einem Foodstylisten mit Haarspray, Lack oder Farbe bearbeitet worden, damit sie appetitlicher wirken, sondern wurden unverändert genau so fotografiert, wie sie tatsächlich aussahen (und dann auch gegessen wurden).

Allergenkennzeichnung

Es versteht sich von selbst, dass sämtliche Rezepte in diesem Buch glutenfrei sind. Auf eine separate Kennzeichnung jedes einzelnen Rezepts als „glutenfrei" habe ich folglich verzichtet.

Als „laktosefrei" sind nur jene Rezepte markiert, die tatsächlich keine Laktose enthalten. Doch wenn Sie keinen Milchzucker vertragen, sollten Sie sich nicht abschrecken lassen, wenn ein Rezept nicht als laktosefrei gekennzeichnet ist: Selbstverständlich können fast alle Rezepte durch Verwendung laktosefreier Milchprodukte oder alternativer Lebensmittel auch laktosefrei hergestellt werden. Joghurt, Quark und Milch beispielsweise sind im gut sortierten Lebensmittelladen eigentlich immer auch als laktosefreie Varianten erhältlich. Dadurch werden die Eigenschaften und der Geschmack nicht beeinflusst. Alternativ können Sie für die Rezepte auch ganz milchfreie Ersatzprodukte verwenden wie zum Beispiel Sojajoghurt, Seidentofu, Bitterschokolade oder Reismilch.

Als „milchfrei" sind Rezepte gekennzeichnet, die keinerlei Milchprodukte enthalten. Auch hier gilt, dass Milchprodukte im Zweifelsfall oft durch milchfreie Ersatzprodukte ausgetauscht werden können.

Bei allen Torten, Kuchen, Plätzchen, Broten, Brötchen und Desserts habe ich auf die gesonderte Kennzeichnung „vegetarisch" verzichtet – aber natürlich sind sie es, sofern keine Gelatine verwendet wird. Wenn Sie ein Rezept mit Gelatine vegetarisch zubereiten möchten, nehmen Sie stattdessen bitte ein pflanzliches Verdickungs- oder Geliermittel.

„Vegan" sind all jene Rezepte, die komplett ohne tierische Produkte auskommen, also auch ohne Eier, Milchprodukte oder Honig. Viele Rezepte können Sie mithilfe von Ersatzprodukten auch vegan zubereiten, indem Sie beispielsweise Sojasahne, Kokos- und

Reismilch, pflanzlichen Eiersatz oder statt Honig Ahornsirup verwenden. Oft funktioniert das ganz wunderbar.

Die Kennzeichnung „nussfrei“ bedeutet, dass das entsprechende Rezept keine der aus allergologischer Sicht kennzeichnungspflichtigen Nüsse enthält – also weder Haselnüsse noch Mandeln, Walnüsse, Paranüsse, Macadamianüsse, Pekannüsse, Cashewkerne oder Pistazien. Kokos wird von Nussallergikern in der Regel vertragen und kann gelegentlich ebenso wie Erdmandeln allergene Nüsse ersetzen. Auch Sonnenblumen-, Pinien- oder Kürbiskerne können unter Umständen als Ersatz dienen. Meist reagieren Nussallergiker nicht auf alle allergenen Nüsse: Wer also beispielsweise Mandeln verträgt, aber keine Haselnüsse, wird auch unter den nicht als „nussfrei“ gekennzeichneten Rezepten einiges finden, das für ihn geeignet ist – und kann im Zweifelsfall die Haselnüsse durch Mandeln ersetzen. Erdnüsse zählen nicht zu den Nüssen. Sie können trotzdem allergische Reaktionen auslösen, sind aber in keinem der Rezepte in diesem Buch enthalten.

Als „eifrei“ sind natürlich alle Rezepte gekennzeichnet, die ohne Eier auskommen. Unter Umständen kann man Eier durch pflanzlichen Ei-Ersatz substituieren, den es fertig zu kaufen gibt. Bei Backwaren können einzelne Eier auch durch gemahlene Chia-, Floh- oder Leinsamen ersetzt werden, die Sie zuvor in Wasser aufquellen lassen, sodass ein zähflüssiges Gel entsteht.

Hinten im Buch finden Sie auf Seite 264 ff. eine Tabelle, in der Sie übersichtlich alle alphabetisch sortierten Rezepte mit den zugehörigen Allergenangaben finden.

Teil III:

Rezepte

Vorspeisen und Suppen

Ergibt: 6 Portionen

nuss-frei

Lachs-Frischkäse-Rolle

Die Lachs-Frischkäse-Rolle ist nicht nur ein edler Hingucker, sie schmeckt auch noch ganz wunderbar erfrischend und aromatisch.

Zutaten

4 Eier
50 g Käse
125 g Kräutermischung, tiefgefroren oder frisch (z. B. Dill, Petersilie, Schnittlauch, Koriander)
Salz
Pfeffer
etwas Parmesan
200 g Frischkäse
250 g Räucherlachs
etwas Zitronensaft

Zubereitung

1. Den Backofen auf 200 °C vorheizen. Ein Backblech mit Backpapier auslegen. Etwas Parmesan auf das Backpapier reiben.
2. Eier schaumig schlagen, Käse reiben.
3. Eier, Käse, Kräuter, Salz und Pfeffer verrühren.
4. Die Masse auf dem Blech verteilen. 10 Minuten backen.
5. Abkühlen lassen. Die Kräuter-Ei-Mischung mit Frischkäse bestreichen, Lachs darauf verteilen und mit etwas Zitronensaft beträufeln.
6. Von der Längsseite des Bleches her aufrollen, in Frischhaltefolie wickeln und 4 bis 8 Stunden in den Kühlschrank stellen. Vor dem Servieren Folie entfernen und die Rolle in Scheiben schneiden. Dazu Brot und/oder Salat reichen.

Extra-Tipp:

- Wenn Sie frische Kräuter nehmen, könnte es aufgrund des großen Volumens der Kräuter sein, dass Sie ein Ei mehr brauchen, damit die Masse gut zusammenhält.

Schafskäse mit Sesamkruste

Zum Panieren können Sie generell glutenfreie Semmelbrösel verwenden, die im Handel erhältlich sind. Raffinierter ist allerdings eine Sesampanade!

Zutaten

1 großes Ei
60 g Sesam
400 g Schafskäse (Feta)
Paprikapulver
Muskatnuss
Frisch gemahlener schwarzer Pfeffer
2–3 EL Öl zum Ausbacken

Zubereitung

1. Den Feta in 4 gleich große Stücke teilen.
2. Das Ei in einem tiefen Teller verquirlen und mit den angegebenen Gewürzen nach Geschmack würzen.
3. Den Sesam in einen zweiten tiefen Teller füllen.
4. Öl in einer Pfanne erhitzen.
5. Die Schafskäsestücke erst im Ei und dann im Sesam wenden, sodass alle Seiten gut mit Sesam bedeckt sind.
6. Den panierten Schafskäse im Öl von beiden Seiten braten, bis der Sesam hellbraun und der Käse innen weich wird.
7. Mit Salat und Baguette servieren.

Extra-Tipp:

- In der Regel enthält Feta keine oder nur geringe Mengen Laktose und wird auch bei Laktoseintoleranz gut vertragen.

Ergibt: 6 Portionen als Vorspeise,
3 Portionen als Hauptgericht

laktosefrei · milchfrei · nussfrei · vegetarisch

Spanische Tortilla

Als ich in Barcelona studierte, entwickelte ich auch eine Vorliebe für die spanische Küche. Mein erster Versuch, selbst eine Tortilla zuzubereiten, endete mit einer Masse, die eher an Rührei mit Bratkartoffeln erinnerte: Der Trick besteht darin, die Tortilla langsam auf kleiner Stufe zu backen.

Zutaten

5 große Kartoffeln
Olivenöl
1–2 Zwiebeln
6 Eier
Salz
Pfeffer
Muskatnuss

Zubereitung

1. Die Kartoffeln schälen und in kleine Würfel schneiden. Olivenöl in einer Pfanne erhitzen. Die Kartoffeln 15 bis 20 Minuten bei großer Hitze braten, bis sie gar sind. Dabei ab und zu umrühren. Dann die Kartoffeln aus der Pfanne nehmen.
2. Die Zwiebeln schälen, würfeln und glasig dünsten.
3. Inzwischen die Eier mit den Gewürzen in einer Schüssel verquirlen.
4. Die angebratenen Kartoffeln und Zwiebeln unter die Eimasse rühren. Die Eimasse muss die Kartoffeln knapp bedecken. In einer beschichteten Pfanne etwas Olivenöl erhitzen. Die Masse hineinfüllen und abgedeckt bei kleiner Hitze backen.
5. Sobald die Unterseite braun und die Oberfläche größtenteils gestockt ist (nach etwa 10 bis 15 Minuten), die Tortilla mit Hilfe eines Tellers wenden. Etwas Öl in die Pfanne geben. Die andere Seite der Tortilla ebenfalls bei kleiner Hitze zugedeckt backen, bis sie braun ist und sich vom Pfannenboden lösen lässt.
6. Die Tortilla auf einen großen Teller gleiten lassen oder stürzen. In Tortenstücke schneiden. Dazu passt ein bunter Salat.

Extra-Tipp:

- In Spanien wird die Tortilla oft auch in Würfel geschnitten und als Tapa in die Tischmitte gestellt. Jeder kann sich dann mithilfe eines Zahnstochers oder einer kleinen Gabel bedienen.
- Tortilla schmeckt auch kalt gut und kann schon einige Stunden vorher oder sogar am Vorabend zubereitet werden.

Variante:

- Probieren Sie die Tortilla auch einmal mit Gemüse oder Speck. Sie können zum Beispiel zusammen mit den angebratenen Kartoffeln 250 g blanchierten Spinat, 250 g in Stifte geschnittene und blanchierte Zucchini, 200 g in Scheiben geschnittene und angedünstete Champignons oder 100 g gewürfelten Speck unter die Eimasse rühren.

Herzhafte Waffeln

Warum sollte man Waffeln immer nur süß backen? Diese herzhafte Variante kann auch als Brotersatz dienen und schmeckt ganz frisch am besten.

Zutaten

125 g Margarine
4 Eier
250 g glutenfreie Mehlmischung
2 TL Backpulver
125 ml Wasser
125 g Schinkenwürfel
125 g geriebener Bergkäse
1 Gewürzgurke, fein gewürfelt
1 Zwiebel, fein gewürfelt
1 Prise Paprikapulver
1 Prise Thymian
Pfeffer und Salz nach Geschmack

Zubereitung

1. Margarine, Eier, Mehl, Backpulver und Wasser zu einem geschmeidigen Teig rühren.
2. Schinkenwürfel und Käse, Gurken- und Zwiebelwürfel sowie die Gewürze hinzufügen und unterrühren. Kräftig salzen und pfeffern.
3. Den Teig portionsweise im Waffeleisen goldbraun backen. Die Waffeln noch warm servieren.

Extra-Tipp:

- Fügen Sie dem Teig auch mal in Scheiben geschnittene Oliven oder etwas Chili hinzu.
- Diese Waffeln schmecken auch ohne Schinkenwürfel gut – dann sind sie vegetarisch.

Bratwurst-Muffins

Weshalb sollten Muffins generell süß sein? Diese herzhafte Variante eignet sich als kleine, warme Mahlzeit zu einem Salat, passt aber auch gut auf ein kaltes Büffet.

Zutaten

100 g Reismehl
40 g Kichererbsenmehl
20 g Kartoffelstärke
2 TL Backpulver
Salz
Pfeffer
Kümmel, gemahlen
200 g rohe Bratwurst
80 g Frischkäse
40 g kräftiger Hartkäse
½ Zwiebel
Petersilie
(nach Geschmack)
2 Eier
140 ml Milch

Zubereitung

1. Mehl, Stärke, Backpulver und Gewürze mischen. Die Mulden eines Muffinblechs einfetten oder mit Papierförmchen auslegen.
2. Von der Bratwurst 24 Scheiben abschneiden. 12 Scheiben flachdrücken und in die Muffinförmchen legen. Den Rest der Bratwurst aus der Pelle drücken.
3. Die Zwiebel würfeln, den Käse reiben. Die Petersilie hacken.
4. Den Backofen auf 180 °C vorheizen.
5. Die Bratwurstmasse mit Frischkäse, Käse, Zwiebel, Petersilie, Eiern und Milch kräftig vermengen. Die Mehlmischung unterrühren.
6. Den Teig auf den Bratwurstscheiben in den Muffinförmchen verteilen. 20 Minuten backen, dann die restlichen 12 Bratwurstscheiben auf die Muffins legen und weitere 5 Minuten backen.

Variante:

- Statt die Muffins mit Wurstscheiben zu dekorieren, können Sie auch Schafskäsestückchen verwenden und die restliche Wurst im Teig verarbeiten.

Ergibt: 4 Portionen

laktosefrei · milchfrei · nussfrei · eifrei

Gulaschsuppe

Diese Gulaschsuppe ist deftig, sättigend und sehr aromatisch. Sie kann auch gut einen Tag im Voraus und für eine große Gästeschar zubereitet werden.

Zutaten

500 g Gulaschfleisch (Schwein oder Rind)
100 g Schinkenwürfel
2 Zwiebeln
1 Knoblauchzehe
1 rote Paprikaschote
1 grüne Paprikaschote
1 Karotte
2 EL neutrales Pflanzenöl
1 Chilischote, gemahlen
1 TL Thymian
1 TL Majoran
1 EL edelsüßes Paprikapulver
1 EL Kümmel
400 g Tomaten aus der Dose
400 ml Wasser
400 ml Rinderfond
etwas Rotwein (nach Belieben)
2 Lorbeerblätter
300 g Kartoffeln
Salz

Zubereitung

1. Die Zwiebeln schälen und fein würfeln. Die Paprikaschoten halbieren und putzen, waschen und in kleine Würfel schneiden. Die Karotte schälen und fein würfeln. Den Knoblauch schälen und fein hacken.
2. Das Öl in einem großen Topf erhitzen. Die Fleisch- und Schinkenwürfel darin ungefähr 3 Minuten scharf anbraten.
3. Zwiebeln dazugeben und etwa 3 Minuten mitrösten. Paprikastücke, Karottenwürfel und Knoblauch hinzufügen und 1 Minute mit anbraten.
4. Chili, Thymian, Majoran, Paprikapulver, Kümmel und Tomaten hinzufügen und unterrühren. Nach Belieben mit Wein ablöschen, den Fond angießen, Wasser und Lorbeerblätter hinzufügen, aufkochen und alles im geschlossenen Topf bei mittlerer Hitze ungefähr 1 Stunde kochen lassen, bis das Fleisch weich ist.
5. Inzwischen die Kartoffeln schälen und in zentimetergroße Würfel schneiden. Nach 45 Minuten Garzeit die Kartoffelwürfel unterrühren und mitkochen.
6. Die Suppe mit Salz abschmecken.

Extra-Tipp:

- Wenn Sie Paprikaschoten nicht gut vertragen, liegt das vermutlich an deren Haut. Das Problem lässt sich in der Regel beheben, wenn Sie die rohen Paprikaschoten mit dem Sparschäler schälen.

Linsensuppe

Diese Linsensuppe überzeugt durch die Kombination feiner Gewürze. Da rote Linsen statt der in Deutschland üblicheren Tellerlinsen verwendet werden, erhält sie ein feineres Aroma.

Zutaten

1 Zwiebel
2 Knoblauchzehen
2 EL Olivenöl
250 g rote Linsen
2 EL Kreuzkümmelsamen
½ TL Koriandersamen
200 g Tomaten aus der Dose
½ TL Tomatenmark
1 ½ l Gemüsebrühe
Saft von ½ Zitrone
Salz
Pfeffer
Cayennepfeffer

Zubereitung

1. Zwiebel und Knoblauchzehen schälen, hacken und in Olivenöl anbraten.
2. Kreuzkümmel und Koriander im Mörser zerkleinern beziehungsweise mahlen.
3. Linsen, Kreuzkümmel und Koriander zur Zwiebelmischung geben und bei mittlerer Hitze 5 bis 10 Minuten mitbraten.
4. Tomaten, Tomatenmark und Brühe hinzufügen, zum Kochen bringen. 40 Minuten köcheln lassen, bis die Linsen weich sind.
5. Saft einer halben Zitrone unterrühren, mit Salz, Pfeffer und Cayennepfeffer abschmecken.

Extra-Tipp:

- Wer mag, kann eine Handvoll Pfefferminzblätter mit 4 Esslöffeln Olivenöl in einem Mörser zu einer Paste verrühren und jeweils einen Klecks dieser Mischung auf den Suppenteller geben.

Hauptpeisen und Beilagen

Ergibt: 2-3 Portionen

laktosefrei · milchfrei · nussfrei · eifrei

Gemüsenudeln mit Hackfleischsoße

Gemüsenudeln sind eine farbenfrohe, kohlenhydratarme und glutenfreie Nudelvariante, die nicht nur lecker schmeckt, sondern auch zum Abnehmen geeignet ist – und Kinder begeistert, die eigentlich kein Gemüse mögen. Dazu passt zum Beispiel diese würzige Hackfleischsoße, die Sie natürlich auch zu glutenfreien Spaghetti genießen können.

Zutaten

Für die Gemüsenudeln

3–5 mittelgroße Zucchini, Karotten oder anderes stärkefreies Gemüse

Für die Hackfleischsoße

1 große Zwiebel
1 Bund Suppengrün
1 EL Öl
500 g gemischtes Hackfleisch
500 ml Gemüsebrühe
400 g Tomaten (frisch oder aus der Dose)
5 EL Tomatenmark
1 TL Majoran
1 TL Thymian
1 TL Basilikum
1 Knoblauchzehe
Salz, Pfeffer

Zum Bestreuen

Petersilie
Parmesan

Zubereitung

Gemüsenudeln

1. Das Gemüse mit dem Spiralschneider oder Sparschäler soweit es geht (bei Zucchini bis zum Kerngehäuse) in dünne „Nudeln“ schneiden.
2. Die „Nudeln“ kurz in Wasser garen, dann mit dem Schaumlöffel herausholen.

Hackfleischsoße

3. Zwiebel schälen und in Würfel schneiden. Knoblauch schälen und fein hacken. Das Suppengrün putzen und kleinschneiden.
4. Öl in einer Pfanne erhitzen. Zwiebel und Knoblauch darin glasig dünsten. Das Hackfleisch hinzufügen und kurz anbraten.
5. Suppengrün dazugeben und ebenfalls anbraten. Mit der Brühe aufgießen, aufkochen lassen.
6. Tomaten zerkleinern und mit dem Tomatenmark hinzufügen.
7. Mit Majoran, Thymian, Basilikum und Oregano nach Geschmack würzen.
8. 30 Minuten zugedeckt köcheln lassen.
9. Mit Salz und Pfeffer abschmecken. Mit gehackter frischer Petersilie und Parmesan bestreut zu den Gemüsenudeln servieren.

Extra-Tipp:

- Zu den Gemüsenudeln passt zum Beispiel auch die „Schnelle Tomatensoße“ (siehe Seite 86).

Ergibt: 2 Portionen

laktosefrei · milchfrei · nussfrei · vegetarisch

Gnocchi

Industriell hergestellte Gnocchi, die Sie im Supermarkt kaufen können, sind in der Regel leider nicht glutenfrei. Aber es ist gar nicht so schwer, die kleinen italienischen Klößchen selbst zu machen. Sie schmecken zu verschiedenen Soßen, in Butter angebraten oder als Beilage hervorragend.

Zutaten

300 g mehlig kochende Kartoffeln
100 g Reismehl
1 Ei
½ TL Salz
½ TL frisch geriebene Muskatnuss

Zubereitung

1. Für die Gnocchi einige Stunden vorab die Kartoffeln mit Schale in einem Topf mit Salzwasser kochen, bis sie gar sind.
2. Die Kartoffeln abkühlen lassen, schälen und stampfen beziehungsweise durch eine Kartoffelpresse drücken.
3. Die Kartoffeln mit Mehl, Ei, Salz und Muskatnuss mit den Fingern zu einem glatten, geschmeidigen Teig kneten.
4. Den Teig portionsweise auf einer mit Reismehl bestäubten Arbeitsfläche mit den Händen zu Rollen von ca. 2 Zentimetern Durchmesser formen. Mit einem Messer von den Rollen etwa fingerdicke Stücke abschneiden. Wenn der Teig klebt, immer wieder etwas Reismehl darüberstäuben.
5. In einem großen Topf Wasser erhitzen. Wenn es kocht, Salz hinzufügen.
6. Die Gnocchi ins kochende Salzwasser geben, dann die Hitze reduzieren. Wenn die Gnocchi nach wenigen Minuten gar sind, steigen sie an die Wasseroberfläche.
7. Die fertigen Gnocchi mit einem Schaumlöffel aus dem Wasser holen und sofort servieren.

Extra-Tipp:

- Gegarte Gnocchi schmecken auch gut, wenn man sie in Butter anbrät, sodass sie eine knusprige Kruste bekommen.
- Wenn Sie Gnocchi einfrieren wollen, ordnen Sie sie nebeneinander auf einem Blech an und stellen dieses ins Gefrierfach. Sobald die Gnocchi gefroren sind, können Sie sie in einen Gefrierbeutel füllen.

Ergibt: 2 Portionen

laktosefrei · nussfrei · vegetarisch

Gnocchi mit Spinat und Schafskäse

Zutaten

Für die Gnocchi

300 g mehlig kochende Kartoffeln
100 g Reismehl
1 Ei
½ TL Salz
½ TL frisch geriebene Muskatnuss

Für die Spinatsoße

1 Zwiebel
1 EL Olivenöl
250 g Spinat
150 g Schafskäse
1 EL Sonnenblumenkerne
Pfeffer
Salz
Muskatnuss
60 ml Sojasahne oder Sahne

Zubereitung

1. Für die Gnocchi einige Stunden vorab die Kartoffeln mit Schale in einem Topf mit Salzwasser kochen, bis sie gar sind.
2. Die garen Kartoffeln abkühlen lassen, schälen und stampfen beziehungsweise durch eine Kartoffelpresse drücken.
3. Die Kartoffeln mit Mehl, Ei, Salz und Muskatnuss mit den Fingern zu einem glatten, geschmeidigen Teig kneten.
4. Den Teig portionsweise auf einer mit Reismehl bestäubten Arbeitsfläche mit den Händen zu Rollen mit ca. 2 Zentimetern Durchmesser formen. Mit einem Messer von den Rollen etwa fingerdicke Stücke abschneiden. Wenn der Teig klebt, immer wieder etwas Reismehl darüberstäuben.
5. In einem großen Topf Wasser erhitzen. Wenn es kocht, Salz hinzufügen.
6. Währenddessen für die Spinatsoße das Olivenöl in einer Pfanne erhitzen. Die Zwiebel schälen, fein würfeln und im Öl anbraten, bis sie glasig ist. Spinat, Sonnenblumenkerne und gewürfelten Schafskäse hinzufügen. Nach Geschmack salzen, pfeffern und mit frisch geriebener Muskatnuss würzen. Mit Sojasahne oder Sahne abrunden und auf kleiner Flamme warm halten.
7. Die Gnocchi ins kochende Salzwasser geben, dann die Hitze reduzieren. Wenn die Gnocchi nach wenigen Minuten gar sind, steigen sie an die Wasseroberfläche.
8. Die fertigen Gnocchi mit einem Schaumlöffel aus dem Wasser holen und sofort mit der Spinatsoße servieren.

Spätzle

Spätzle mit der richtigen Konsistenz glutenfrei herzustellen, ist gar nicht so einfach. Dank der Unterstützung eines gut befreundeten Schwaben hat es dann glücklicherweise doch geklappt. Und selbst dieser „Spätzle-Experte" war nachher der Ansicht, dass die glutenfreie Variante den normalen Spätzle in nichts nachsteht!

Zutaten

3 mittelgroße Eier
1 Prise Salz
250 g glutenfreie Mehlmischung
160–200 ml Mineralwasser mit Kohlensäure
1 Prise Kurkuma

Zubereitung

1. Die Spätzlezutaten in einer großen Schüssel von Hand (oder mit einem Handmixer und Knethaken) kräftig verrühren, bis ein glatter Teig entsteht. Dann noch einige Minuten weiter schlagen, bis der Teig Blasen wirft. Der Teig muss zäh sein und vom Löffel abreißen. 10 Minuten quellen lassen.
2. Einen großen Topf mit Salzwasser und ein paar Tropfen Öl zum Kochen bringen. Dann auf mittlere Stufe zurückschalten.
3. Eine Spätzlepresse portionsweise zu etwa einem Drittel (je nach gewünschter Länge der Spätzle) mit dem Spätzleteig füllen. Die Spätzle in das kochende Wasser drücken. Wenn das Wasser wieder kocht, die Spätzle etwa 3 Minuten schäumend kochen lassen. Mit einem Schaumlöffel herausholen.
4. Die zweite Spätzleportion auf dieselbe Weise herstellen. Den Teig auf die beschriebene Weise zu insgesamt vier Portionen Spätzle verarbeiten.

Extra-Tipp:

- Natürlich können Sie die Spätzle auch schaben, wenn Sie die entsprechende Ausrüstung besitzen. Sie werden dann zwar weniger gleichmäßig, was aber geschmacklich unerheblich ist. Alternativ funktioniert die Spätzleherstellung auch mit einer Kartoffel- oder Gebäckpresse.
- Bei Spätzle ist die Konsistenz des Teigs sehr entscheidend. Dazu ist etwas Erfahrung erforderlich. Deshalb sollten Sie experimentieren und je nach Größe der Eier, Ihrer Mehlmischung und der Beschaffenheit des Teigs nicht so sehr auf die hier angegebenen Mengenangaben achten, sondern ausschließlich die richtige Konsistenz im Auge haben – also im Zweifelsfall mehr Mehl oder mehr Wasser verwenden. Der Teig darf nicht fließen, aber auch nicht so fest wie Pizzateig sein.

ORIGINAL

Kässpätzle

Das klassische Spätzlegericht schlechthin in Schwaben und im Allgäu!

Zutaten

Für die Spätzle

3 mittelgroße Eier
Prise Salz
250 g glutenfreie Mehlmischung
160–200 ml Mineralwasser mit Kohlensäure
1 Prise Kurkuma

Außerdem

2 mittelgroße Zwiebeln
2 EL Olivenöl
Muskatnuss
Salz
Pfeffer
Paprikapulver
250–300 g kräftiger Hartkäse

Zubereitung

1. Die Spätzlezutaten in einer großen Schüssel von Hand (oder mit einem Handmixer und Knethaken) kräftig verrühren, bis ein glatter Teig entsteht. Dann noch einige Minuten weiter schlagen, bis der Teig Blasen wirft. Der Teig muss zäh sein und vom Löffel abreißen. 10 Minuten quellen lassen.
2. Die Zwiebeln in Viertelringe schneiden und in Olivenöl anbraten. Mit den angegebenen Gewürzen nach Geschmack kräftig würzen.
3. Den Käse reiben. Eine große, flache Auflaufform bereitstellen.
4. Einen großen Topf mit Salzwasser und ein paar Tropfen Öl zum Kochen bringen. Dann auf mittlere Stufe zurückschalten.
5. Eine Spätzlepresse portionsweise zu etwa einem Drittel (je nach gewünschter Länge der Spätzle) mit dem Spätzleteig füllen. Die Spätzle in das kochende Wasser drücken. Wenn das Wasser wieder kocht, die Spätzle etwa 3 Minuten schäumend kochen lassen. Mit einem Schaumlöffel herausholen und in die Auflaufform füllen.
6. Die zweite Spätzleportion auf dieselbe Weise herstellen. Während diese kocht, eine Schicht gebratene Zwiebeln und Käse in die Auflaufform füllen.
7. Den Backofen auf 180 °C vorheizen.
8. Den Teig auf die beschriebene Weise zu insgesamt vier Portionen Spätzle verarbeiten und abwechselnd mit Zwiebeln und Käse in die Auflaufform schichten. Mit Käse abschließen.
9. Die Spätzle 10 Minuten überbacken und heiß mit Salat oder Gewürzgurken servieren.

Extra-Tipp:

- Je länger ein Käse reift, desto weniger Laktose enthält er. Hartkäse wie Bergkäse oder Emmentaler ist aufgrund seiner langen Reifezeit laktosefrei.

Ergibt: 1 Quiche (Ø 24 cm)

laktosefrei · nussfrei · vegetarisch

Gemüsequiche

Diese pikante Quiche ist sehr variabel und kann mit einem beliebigen Belag kombiniert werden.

Zutaten

Für den Teig
100 g Kichererbsenmehl
50 g Teffmehl
50 g Kartoffelstärke
1 TL Guarkernmehl
1 Ei
100 g Margarine
1 Prise Salz

Für den Belag
2 Stangen Lauch
1 rote Paprikaschote
200 g Champignons
Olivenöl zum Anbraten
200 ml (Soja-)Sahne
2 Eier
Salz
Pfeffer
½ TL Curry

Zum Überbacken
150–200 g mittelalter Gouda
Thymian

Zubereitung

1. Aus den Zutaten für den Teig einen Mürbteig kneten. Damit Boden und Rand einer gefetteten Springform auslegen.
2. Den Backofen auf 180 °C vorheizen. Den Käse reiben. Lauch und Paprika waschen, putzen und in Ringe schneiden beziehungsweise würfeln. Die Pilze in Scheiben schneiden.
3. Das Gemüse für den Belag in etwas Olivenöl bissfest anbraten – zuerst Paprikaschote und Lauch, dann die Pilze hinzufügen. Etwaige Flüssigkeit abgießen.
4. Die Eier verquirlen und mit der (Soja-)Sahne verrühren. Nach Geschmack würzen. Mit dem Gemüse mischen.
5. Den Belag auf dem Boden verteilen, mit geriebenem Käse und Thymian bestreuen.
6. Die Quiche 30 Minuten backen. Dazu passt Salat.

Kohlrabi-Pizza

Wer sich kohlenhydratarm ernähren möchte, aber gerne Pizza isst, sollte unbedingt diese Variante ausprobieren! Sie ist wirklich lecker, leichter als herkömmliche Pizza und spart Kalorien.

Zutaten

Pro Person

1 großer Kohlrabi
6 TL Tomatenmark, passierte Tomaten oder „Schnelle Tomatensoße" (siehe Extra-Tipp)
3 TL Thymian
Salz, Pfeffer
6 EL beliebiger Hartkäse, gerieben (z. B. mittelalter Gouda oder Bergkäse)

Außerdem

weiterer Belag nach Geschmack (z. B. Salami, Champignons, Thunfisch, gekochter oder roher Schinken, Tofuwurst, Oliven, Tomaten, Zwiebeln)

Zubereitung

1. Kohlrabi schälen und in etwa 5 Millimeter dicke Scheiben schneiden. Die Scheiben nebeneinander auf ein mit Backpapier ausgelegtes Backblech legen.
2. Den Backofen auf 180 °C vorheizen.
3. Tomatenmark, passierte Tomaten oder „Schnelle Tomatensoße" auf die Scheiben streichen, salzen, pfeffern und mit Thymian bestreuen.
4. Dann den gewünschten Belag auf den Kohlrabischeiben verteilen. Zum Schluss den geriebenen Käse darüberstreuen.
5. Bei 180 °C ca. 25 Minuten backen.

Extra-Tipp:

- **Hier das Rezept für die „Schnelle Tomatensoße":**
  1 kleine Zwiebel und 1 kleine Knoblauchzehe hacken und in 1 Esslöffel Olivenöl anbraten, bis die Zwiebel glasig ist. Thymian und Rosmarin kurz mit anbraten. 300 g passierte Tomaten dazu. Salzen, pfeffern, ein wenig einköcheln lassen.

Variante:

- Belag-Variante 1: Schafskäse, grüne Paprikaschoten, schwarze Oliven
- Belag-Variante 2: Salami, Tomaten, Emmentaler
- Belag-Variante 3: Schinkenwürfel, Champignons, Tomaten, mittelalter Gouda
- Belag-Variante 4: Thunfisch, rote Paprikaschoten, grüne Oliven, Tomaten, Bergkäse

Ergibt: 2 Bleche

nuss-frei

Pizzavariationen mit Kartoffelteig

Pizza ist bei Jung und Alt beliebt. Hier werden zwei Variationsmöglichkeiten vorgestellt, doch beim Belag sind der Fantasie eigentlich keine Grenzen gesetzt.

Zutaten

Für den Teig

800 g gare Pellkartoffeln (von mehlig kochenden Kartoffeln)
100 g rohe Kartoffeln
160 g Kartoffelmehl
100 g Kichererbsenmehl
100 g Reismehl
2 Eier
2 TL Salz
2 TL Oregano
2 EL Olivenöl + etwas mehr zum Bestreichen

Für den Thunfischbelag

200 g Tomaten
150 g Thunfisch in Öl (Abtropfgewicht)
1 Paprikaschote
1 Zwiebel
2 Gewürzgurken
100 g mittelalter Gouda
Salz
Pfeffer
etwas Öl aus der Thunfischdose zum Beträufeln

Für den Flammkuchenbelag

200 g Schmand
100 g Dörrfleisch
2 große Zwiebeln
Pfeffer
evtl. etwas Salz
etwas Olivenöl zum Beträufeln

Zubereitung

1. Pellkartoffeln schälen und durch die Kartoffelpresse drücken beziehungsweise stampfen.
2. Die rohen Kartoffeln reiben und auspressen.
3. Alle Teigzutaten zu einem glatten Teig verkneten.
4. Zwei Backbleche mit Backpapier auslegen. Den Backofen auf 200 °C vorheizen.
5. Den Teig teilen und auf den beiden Backblechen ausrollen. Mit Olivenöl bepinseln und zum Blindbacken mit getrockneten Hülsenfrüchten bestreuen. 15 Minuten vorbacken.
6. Währenddessen für den Thunfischbelag Tomaten, Paprikaschote, Zwiebeln und Gurken würfeln, Käse reiben. Für den Flammkuchenbelag Dörrfleisch würfeln. Zwiebeln halbieren und in dünne Halbringe schneiden.
7. Auf einem der Bleche den Thunfisch auf dem vorgebackenen Teigboden verteilen. Tomaten, Gurken, Paprikaschote und Zwiebeln darüberstreuen. Nach Geschmack mit Salz und Pfeffer würzen und mit dem Käse bestreuen.
8. Auf dem anderen Blech den vorgebackenen Teigboden mit Schmand bestreichen. Dörrfleisch und Zwiebeln darauf verteilen. Pfeffern und je nach Geschmack des Dörrfleischs noch ein wenig salzen.
9. Beide Bleche wieder in den Ofen schieben und bei 200 °C weitere 20 Minuten backen.

Extra-Tipp:

- Die Pellkartoffeln können schon am Vortag gekocht werden, um die Vorbereitungszeit zu verkürzen.
- Der Flammkuchenbelag schmeckt noch würziger, wenn Sie Kümmel darüberstreuen.

Flammkuchen

Dieser Flammkuchen besticht durch die Kombination aus knusprigem Teig und herrlich saftigem Belag.

Zutaten

Für den Teig

350 g glutenfreie Mehlmischung
50 g Kartoffelstärke
1 P. Trockenhefe
1 Ei
320 ml lauwarmes Wasser
20 ml Rapsöl
½ TL Salz

Für den Belag

2 große Gemüsezwiebeln (ca. 500 g)
300 g Crème fraîche
200 g roher, fein gewürfelter Schinken
Salz, Pfeffer und Kümmel nach Geschmack

Zubereitung

1. Den Backofen auf 50 °C vorheizen, dann ausschalten. Ein Backblech mit Backpapier auslegen.
2. Die Zutaten für den Teig vermengen. Mit bemehlten Händen das Backblech mit dem Teig auslegen oder einzelne Fladen formen und auf Bleche legen. Den Teig mit einer Gabel mehrfach einstechen. Im Backofen mindestens 30 Minuten gehen lassen.
3. Den Teig herausnehmen. Den Backofen auf 200 °C vorheizen.
4. Den Flammkuchenboden 15 Minuten vorbacken, dann herausholen.
5. Die Zwiebeln in Ringe schneiden.
6. Crème fraîche auf den vorgebackenen Boden streichen. Die Zwiebelringe darauf verteilen, die Schinkenwürfel darüber streuen. Mit Pfeffer, Salz und Kümmel würzen.
7. Bei 200 °C 25 bis 30 Minuten backen.

Extra-Tipp:

- Je dünner Sie den Teig machen, desto knuspriger wird der Flammkuchen. Wenn der Teig zu dünn ist, kann er allerdings auch fest werden.

Speck-Hackbraten mit Käse

Ein saftiger, aromatischer Hackbraten, der sich für ein Büffet ebenso gut eignet wie als Hauptmahlzeit.

Zutaten

100 g magerer Schinkenspeck in Scheiben oder Schinkenwürfel
6 große Champignons
1 Zwiebel
1 Ei
750 g Hackfleisch (halb Rind-, halb Schweinefleisch)
2 EL (Soja-)Sahne
100 g Hartkäse
1 Prise Pfeffer
1 Prise Salz
1 Knoblauchzehe, fein gehackt
5 EL glutenfreie Semmelbrösel

Zubereitung

1. Backofen auf 170 °C vorheizen.
2. Champignons und geschälte Zwiebel hacken. Den Käse reiben.
3. Den Speck in einer Pfanne knusprig braten, auf Küchenpapier abtropfen lassen. Von dem Speckfett einen Esslöffel abnehmen und Pilze und Zwiebeln darin glasig dünsten, etwas abkühlen lassen.
4. In einer Schüssel Hackfleisch, Ei, Sahne, zerkrümelten Speck, geriebenen Käse und Semmelbrösel vermischen, würzen, abschmecken.
5. Die Hackfleischmischung in eine gefettete Kastenform füllen.
6. Gut 1 Stunde backen, dann Fett abgießen und eventuell noch mit zusätzlichem Speck und/oder Käse kurz überbacken.

Linsen-Tofu-Bratlinge

Vegetarische Bratlinge enthalten meist Gluten. Doch dass es auch sehr gut ohne geht, zeigt diese würzige Variante auf der Grundlage von Linsen und Tofu.

Zutaten

200 g Tofu
100 g rote Linsen
1 große Karotte
1 Zwiebel
2 ½ EL Kartoffelstärke
6 EL Hirse- oder Haferflocken
2 EL Hefeflocken oder 30 g geriebener Bergkäse
1 EL Tamarisoße (glutenfreie Sojasoße)
1 EL Tomatenmark
1 TL Senf
1 TL Salz
1 TL gekörnte Gemüsebrühe
1 EL frisch gemahlener Pfeffer
Thymian, Oregano, Majoran, Paprikapulver nach Geschmack
evtl. 1–2 EL Wasser
Öl zum Braten

Zubereitung

1. Linsen in Wasser gar kochen, abtropfen lassen.
2. Tofu in Würfel schneiden. Zwiebel schälen und grob hacken. Karotte schälen und in Scheiben schneiden.
3. Linsen, Tofu, Zwiebel und Karotte in eine Schüssel füllen und mit einem Stabmixer pürieren.
4. Kartoffelstärke, Flocken und Gewürze sowie gegebenenfalls Käse hinzufügen und unterrühren, sodass alles gut vermengt ist. Sollte die Bratlingsmasse zu trocken sein, 1 bis 2 Esslöffel Wasser unterrühren. 10 Minuten quellen lassen.
5. Die Masse gegebenenfalls nachwürzen. In einer beschichteten Pfanne das Öl auf mittlerer Stufe erhitzen.
6. Mit feuchten Händen aus der Masse Bratlinge formen. Die Bratlinge sollten gut zusammenhalten, aber nicht zu fest sein.
7. Die Bratlinge von beiden Seiten knusprig braten.

Extra-Tipp:

- 100 g getrocknete Linsen ergeben ungefähr 250 g gekochte Linsen.
- Zu diesen Bratlingen passen besonders gut Reis, Brokkoli und eine stückige Tomatensoße.

Ergibt: 5-6 Portionen

nuss-frei

Kartoffelknödel-Auflauf

Die Anregung zu diesem Rezept stammt aus einem Urlaub, den ich als Kind mit meiner Familie in Südtirol verbracht habe.

Zutaten

Für den Teig

650 g gekochte Kartoffeln
140 g Kartoffelstärke
1 Ei
1 TL Salz
1 TL Margarine

Für die Füllung

150–200 g Fleischwurst oder Bierwurst
150–200 g Bergkäse

Für den Guss

4 Eier
4 EL Milch
1 Prise Salz
2–3 EL frische Petersilie

Zum Bestreichen und für die Form:

50 g Margarine

Zubereitung

1. Die Kartoffeln stampfen.
2. Aus den angegebenen Zutaten einen geschmeidigen Teig bereiten, zu einer dicken Rolle formen und in 24 Scheiben schneiden.
3. Wurst und Käse in kleine Würfel schneiden und auf die etwas flach gedrückten Teigscheiben verteilen.
4. Den Backofen auf 200 °C vorheizen. Eine ovale Auflaufform (ca. 30 x 20 cm) einfetten.
5. Die Teigstücke über Wurst und Käse schließen, fest zusammendrücken und zu Knödeln formen.
6. Die Knödel in der Form dicht aneinander legen. Dazwischen mit Margarine bestreichen.
7. Die Petersilie hacken, mit Eiern, Milch und Salz verquirlen und über die Knödel gießen.
8. Die Form mit Alufolie bedecken und auf mittlerer Schiene in den Ofen schieben. Nach 30 Minuten Backzeit die Folie entfernen, die Knödel nochmals mit Margarine bestreichen und weitere 30 Minuten backen.
9. Heiß mit Sauerkraut oder einem Salat servieren.

Extra-Tipp und Varianten:

- Für den Knödelteig eignen sich besonders mehlige Kartoffeln.
- Wenn Sie es fleischlastiger mögen, können Sie den Bergkäse auch durch Cabanossi oder grobe Mettwurst ersetzen.
- Kartoffelknödel sind vielseitig verwendbar und passen ohne Füllung zum Beispiel auch gut zu Braten mit Sauerkraut.
- Kartoffelknödel können als Zwetschgen- oder Aprikosenknödel auch süß gefüllt werden.

Thai-Curry mit Hähnchen und Kokosmilch

Die asiatische Küche bietet eine enorme Vielfalt an Leckereien, für die meist von Natur aus glutenfreie Zutaten verwendet werden – das ist insbesondere bei Gerichten aus Indien oder Thailand der Fall.

Zutaten

500 g Hähnchenbrust
2 EL Sojasoße
1 EL Zucker
Pfeffer
Rapsöl
800 g gemischtes Gemüse (z. B. Champignons, Karotten, Zucchini, Lauch)
300 g Bambussprossen (eingelegt, z. B. aus dem Glas)
200 ml Kokosmilch
1 EL grüne Currypaste
Salz

Zubereitung

1. Die Hähnchenbrust in Würfel schneiden. 1 Stunde in Sojasoße, Zucker und Pfeffer marinieren.
2. Im Wok (oder in einer Pfanne) mit wenig Öl kräftig anbraten. Das Fleisch herausnehmen.
3. Das Gemüse putzen und klein schneiden. Die Bambussprossen abspülen und gegebenenfalls ebenfalls zerkleinern. Mit wenig Öl im Wok anbraten.
4. Kokosmilch mit Currypaste verrühren.
5. Kokos-Curry-Mischung in den Wok gießen. Fleisch wieder hinzufügen. Umrühren und alles erwärmen. Das Gemüse sollte bissfest bleiben.
6. Pur oder mit Reis servieren.

Desserts

Ergibt: 4 Portionen

laktosefrei · milchfrei · nussfrei · eifrei

Vanille-Schichtdessert mit Beeren

Dieser Nachtisch im Glas ist durch seine verschiedenfarbigen Schichten ein schöner Blickfang und eignet sich zum Verbrauch von Keksresten.

Zutaten

½ P. Vanillepuddingpulver
400 ml (Reis-, Soja-)Milch
20 g Zucker
100 g glutenfreie Kekse
200 g Beerenmischung (frisch oder tiefgefroren und aufgetaut)
20 g Bitterschokolade

Zubereitung

1. Das Puddingpulver mit dem Zucker und einigen Esslöffeln der Milch anrühren. Die restliche Milch aufkochen, die Puddingmischung einrühren. Aufkochen, dann abkühlen lassen und dabei gelegentlich umrühren, damit keine Haut entsteht.
2. Die Kekse grob zerkleinern und gleichmäßig auf 4 Gläser verteilen.
3. Die Schokolade raspeln und auf die Kekse streuen.
4. Den kalten Pudding auf die Schokoladenschicht in den Gläsern löffeln.
5. Als Abschluss die Beerenmischung auf der Puddingschicht verteilen.
6. Bis zum Servieren kalt stellen.

Extra-Tipp:

- Ob dieser Nachtisch laktosefrei, milchfrei, nussfrei und eifrei ist, hängt auch davon ab, welche Kekse Sie verwenden und ob Sie Milch oder Milchersatz wählen.
- Wenn Sie mit Reismilch Pudding kochen, kann es vorkommen, dass dieser nicht fest wird, sodass Sie entweder mehr Puddingpulver oder statt der Reismilch Sojamilch verwenden sollten.

Ergibt: 6 Portionen

nuss-frei

Tiramisu

Das Rezept für dieses klassische, italienische Dessert verdanke ich einer Italienerin, die mich vor vielen Jahren zu meinem Geburtstag mit dieser glutenfreien Variante überrascht hat. Kalorien sollte man nicht zählen, aber es schmeckt einfach himmlisch!

Zutaten

150 g glutenfreie Löffelbiskuits

Für die Creme

3 Eier
400 g Mascarpone
3 EL Zucker

Zum Tränken

120–150 ml Espresso oder starker Bohnenkaffee
3 EL Amaretto

Zum Bestäuben

2 EL Kakaopulver

Zubereitung

1. Löffelbiskuits in Espresso und Amaretto einweichen.
2. Die Eier trennen. Eigelb mit Mascarpone und Zucker zu einer cremigen Masse rühren.
3. Eiweiß steif schlagen und unter die Eigelb-Mascarpone-Masse ziehen
4. Den Boden der Auflaufform mit der Hälfte der getränkten Löffelbiskuits auslegen. Die Hälfte der Mascarponecreme darauf verteilen.
5. Die restlichen Löffelbiskuits darauflegen und mit der restlichen Creme abschließen.
6. Tiramisu kalt stellen und vor dem Servieren mit Kakaopulver bestäuben.

Extra-Tipp:

- Verwenden Sie für dieses Rezept nur ganz frische Eier.
- Das Tiramisu schmeckt am besten, wenn Sie es im Kühlschrank einen halben Tag durchziehen lassen.
- Glutenfreie Löffelbiskuits sind im Reformhaus oder bei Versendern erhältlich. Aber natürlich können Sie Ihre Löffelbiskuits auch selbst backen.

Schokoladenküchlein mit weichem Schokokern

Dieser gehaltvolle und massive Nachtisch ist eine Sünde wert. Am besten schmeckt er, wenn er noch lauwarm ist, denn wenn die Küchlein abkühlen, wird der Schokokern oft fest.

Zutaten

130 g Bitterschokolade
120 g weiche Margarine
2 Eier
40 g Zucker
1 TL Kartoffelstärke
Mark von 1 Vanilleschote

Zubereitung

1. Schokolade und Margarine zerkleinern und im heißen Wasserbad schmelzen lassen. Die Schüssel aus dem Wasserbad nehmen und die Mischung etwas abkühlen lassen.
2. Den Backofen auf 170 °C vorheizen. Ein Muffinblech mit Muffinförmchen aus Papier auslegen.
3. Die Eier verquirlen und mit Zucker und Vanillemark unter die Schokolade rühren. Kartoffelstärke unterrühren.
4. Die Masse auf 6 Muffinförmchen verteilen, sodass diese zu drei Vierteln mit Teig gefüllt sind.
5. 13 Minuten backen, dann in den Förmchen etwas abkühlen lassen und lauwarm servieren.

Extra-Tipp:

- Dazu passt Eis, Schlagsahne oder rote Grütze.
- Wenn Sie die Kombination aus Bitterschokolade und Schärfe mögen, können Sie eine halbe, gemahlene Chilischote unter den Teig rühren – ein tolles Geschmackserlebnis!

Apple Crumble

„Crumbles" sind eine typisch englische Süßspeise. Im Prinzip handelt es sich um eine Art Streuselkuchen ohne Boden. Als warmer Nachtisch schmecken Crumbles pur beziehungsweise in Kombination mit Eis, Sahne oder Vanillesoße einfach wunderbar, sie können aber auch kalt genossen werden.

Zutaten

50 g Rosinen (evtl. in 2 EL Rum oder Apfelsaft eingelegt)
3 mittelgroße Äpfel
1 EL Zitronensaft
1 TL Zimt
75 g gemahlene Mandeln
75 g glutenfreie Mehlmischung
75 g Margarine
70 g Zucker

Zubereitung

1. Sofern gewünscht, die Rosinen einige Stunden in Rum oder Apfelsaft einlegen.
2. Die Äpfel schälen, entkernen und würfeln. Den Backofen auf 180 °C vorheizen. Eine Auflaufform einfetten.
3. Die Äpfel mit Zitronensaft beträufeln und mit Zimt bestäuben, umrühren.
4. Gemahlene Mandeln, Mehl, Margarine und Zucker verkneten, sodass Streusel entstehen.
5. Die Äpfel in die Auflaufform füllen und die Streusel gleichmäßig darauf verteilen.
6. Den Crumble 30 Minuten backen und am besten warm servieren.

Variante:

- Der klassische Crumble wird mit Äpfeln gemacht, doch Sie können Ihre Variante natürlich auch mit anderem Obst zubereiten.
- Sehr lecker schmeckt der Crumble auch, wenn Sie zusätzlich gehackte Walnüsse oder Mandeln über die Apfelstücke streuen.

Ergibt: ca. 15 Küchle

laktosefrei · milchfrei · nussfrei

Apfelküchle

Schon als Kind habe ich Apfelküchle sehr gern gegessen. Diese Variante des in Franken und Schwaben weit verbreiteten Nachtischs ist nicht nur gluten-, sondern auch laktosefrei.

Zutaten

Für den Tropfteig
50 ml Weißwein
1 Ei
1 P. Vanillezucker
50 g Kartoffelstärke
50 g Kichererbsenmehl
½ TL Backpulver

Außerdem
3 sehr große Äpfel (z. B. Boskop)
Saft von 1 Zitrone
Rapsöl zum Ausbacken
Puderzucker zum Bestäuben
Zimt zum Bestäuben

Zubereitung

1. Die Zutaten für den Tropfteig mit dem Schneebesen verquirlen.
2. Äpfel schälen, entkernen, in nicht zu dicke Scheiben schneiden und in Zitronensaft wälzen.
3. Die Apfelscheiben nacheinander in den Tropfteig tunken, sodass sie komplett mit Teig bedeckt sind.
4. Das Rapsöl in einer Pfanne erhitzen und die Apfelringe im Öl schwimmend von beiden Seiten ausbacken. Dabei immer wieder mit einer Gabel in die Apfelringe stechen, damit die Äpfel weicher werden.
5. Die fertig gebackenen Apfelküchle auf Küchenpapier abtropfen lassen. Mit Puderzucker und Zimt bestäuben und warm servieren.

Extra-Tipp:

- Wenn Sie Milchprodukte vertragen, können Sie den Weißwein auch durch Milch ersetzen.

Klebreisbällchen

Früher habe ich solche Reisbällchen gern als Nachtisch tiefgefroren im Asialaden gekauft. Es gibt sie mit verschiedenen Füllungen. Doch nach einer Änderung der Rezeptur waren sie leider nicht mehr glutenfrei. Also versuchte ich, sie selbst zu machen – und hier ist das Ergebnis. Sie sind sehr sättigend und nicht jedermanns Sache, aber insbesondere bei Freunden der asiatischen Küche sehr beliebt.

Zutaten

Für den Teig
180 g Klebreismehl
20 g Reismehl
ca. 200 ml Wasser

Für die Füllung
z. B. ca. 80 g Halva, Mandelmus, Bitterschokocreme, ...

Zubereitung

1. Aus den beiden Mehlsorten und dem Wasser mithilfe des Handrührgeräts einen geschmeidigen Teig herstellen, der leicht glänzen und nicht kleben soll. 30 Minuten in den Kühlschrank stellen.
2. Für die Füllung Halva in kleine Portionen schneiden. Mit bemehlten Händen aus dem Teig kleine, dünne Scheiben formen, in die Mitte etwas Füllung geben, den Teig darum schließen und zu Kugeln mit einem Durchmesser von 2 bis 3 Zentimetern drehen.
3. In einem großen Topf Wasser zum Kochen bringen. Die Bällchen sofort hineingeben und darauf achten, dass sie sich möglichst nicht berühren. Wenn die Reisbällchen nach wenigen Minuten an die Oberfläche steigen, sind sie gar.
4. Mit einem Schaumlöffel herausholen und sofort heiß servieren. Reste der Füllung dazu reichen.

Extra-Tipp:

- Halva können Sie aus zwei Dritteln geröstetem, gemahlenem Sesam und einem Drittel Honig selbst herstellen (und nach Geschmack mit Vanille aromatisieren).
- Probieren Sie auch andere Füllungen – zum Beispiel Kokos-Karamell, Mandelmus-Honig, Banane-Kokos oder Erdnussbutter.
- Eine weiche Füllung lässt sich leichter portionieren und weiterverarbeiten, wenn sie zuvor eingefroren wird.
- Wenn Sie die fertigen Reisbällchen kurz kalt abspülen, kleben sie nicht zusammen.
- Sie können diese Bällchen auch im Voraus vorbereiten, nicht gegart auf einem Brett einfrieren und dann gefroren ins kochende Wasser geben.

Brot, Brötchen und Co

Ergibt: 1 Brot

laktosefrei · milchfrei · nussfrei · eifrei

Körnerbrot aus dem Brotbackautomaten

Ein Brotbackautomat ist ein ganz wunderbarer Küchenhelfer, wenn Sie Ihr Brot gerne selber backen, aber nicht viel Zeit haben. Dies ist mein Standard-Brotrezept.

Zutaten

420 ml Wasser
1 Prise Salz
30 g glutenfreier Trockensauerteig
50 g Teffmehl
220 g glutenfreie Mehlmischung
1 P. Trockenhefe (9 g)
1 Prise Zucker
2 EL neutrales Pflanzenöl (z. B. Rapsöl)
1 TL Brotgewürz
½ TL gemahlene Flohsamen oder gemahlene Chiasamen
2 EL Sonnenblumenkerne
1 EL Leinsamen
2 EL Kürbiskerne

Zubereitung

1. Die Zutaten in der angegebenen Reihenfolge in den Behälter des Brotbackautomaten füllen.
2. Gemäß der Bedienungsanleitung des Geräts ein passendes Programm wählen (beispielsweise „Normal"). Der Automat verrührt nun die Zutaten zu einem Teig, lässt diesen aufgehen und bäckt ihn.
3. Nach Ablauf des Programms das Brot im Behälter etwas abkühlen lassen, dann entnehmen.

Extra-Tipp:

- Je nach Brotbackautomat und Mehlmischung kann mehr oder weniger Wasser erforderlich sein. Bei den meisten Brotbackautomaten piept das Gerät nach Ablauf etwa eines Viertels der Zubereitungszeit: Dann können Sie den Deckel kurz öffnen und die Konsistenz des Teigs prüfen. Er sollte dickflüssig, aber nicht zäh sein. Falls nötig, können Sie nun noch etwas Wasser nachfüllen.

Variante:

- Dieses Rezept funktioniert auch ohne Trockensauerteig. Dann verwenden Sie stattdessen einfach 30 g mehr glutenfreies Mehl.
- Die Körner und deren Menge können Sie nach Belieben variieren.
- Das Teffmehl kann auch durch ein anderes glutenfreies Mehl ersetzt werden.

Zucchinibrot aus dem Römertopf

Glutenfreies Brot neigt dazu, bröselig und trocken zu sein. Diese Brotkreation hingegen ist dank der Zucchini saftig, hat eine gute Konsistenz und eine wunderbar knusprige Kruste.

Zutaten

30 g Trockensauerteig
9 g Trockenhefe
2 Eier
150 g Reismehl
150 g Kichererbsenmehl
50 g Kartoffelstärke
1 TL gemahlene Chiasamen
150 g Zucchini
1 TL Salz
½ TL Zucker
1 ½ EL Apfelessig
80 g Sonnenblumenkerne
220 ml Wasser

Zubereitung

1. Die Zucchini fein reiben. Alle trockenen Zutaten mischen. Den Backofen auf 50 °C vorheizen, dann ausschalten.
2. Apfelessig, Eier und nach und nach das lauwarme Wasser unterkneten, sodass ein geschmeidiger, recht fester Teig entsteht.
3. Die Teigschüssel abdecken und im Backofen 2 Stunden gehen lassen, damit sich das Volumen etwa verdoppelt.
4. Den Römertopf samt Deckel 10 Minuten in kaltes Wasser legen. Die Teigschüssel aus dem Ofen holen. Den Römertopf in den Backofen stellen, bei Ober-/Unterhitze auf 250 °C vorheizen.
5. Den Römertopf mit Backpapier auslegen, den Teig hineinfüllen, den Deckel aufsetzen. 35 Minuten bei 250 °C backen, dann den Deckel entfernen, die Hitze auf 200 °C reduzieren und weitere 30 Minuten ohne Deckel backen.

Ergibt: 1 Brot

laktosefrei · milchfrei · nussfrei

Kürbiskernbrot aus dem Brotbackautomaten

Wenn Sie Ihr glutenfreies Brot gern selbst backen, ist ein Brotbackautomat ein wunderbar zeitsparendes und hilfreiches Gerät. Dieses Rezept liefert Ihnen ohne viel Aufwand ein schön lockeres Brot, das sich auch gut portionsweise einfrieren lässt.

Zutaten

200 ml Wasser
2 Eier
½ TL Salz
50 g Margarine
50 g Teffmehl
200 g glutenfreie Mehlmischung (bevorzugt dunkel)
1 TL gemahlene Chiasamen
5 g Trockenhefe
1 Prise Zucker
1 TL Brotbackgewürz
50 g Kürbiskerne

Zubereitung

1. Die Zutaten in der angegebenen Reihenfolge in den Behälter des Brotbackautomaten füllen.
2. Gemäß der Bedienungsanleitung des Geräts ein passendes Programm wählen (beispielsweise „Normal"). Der Automat verrührt nun die Zutaten zu einem Teig, lässt diesen aufgehen und bäckt ihn.
3. Nach Ablauf des Programms das Brot im Behälter etwas abkühlen lassen, dann entnehmen.

Extra-Tipp:

- Je nach Brotbackautomat und Mehlmischung kann mehr oder weniger Wasser erforderlich sein. Bei den meisten Brotbackautomaten piept das Gerät nach Ablauf etwa eines Viertels der Zubereitungszeit. Dann können Sie den Deckel kurz öffnen und die Konsistenz des Teigs prüfen. Er sollte dickflüssig, aber nicht zäh sein. Falls nötig, können Sie nun noch etwas Wasser nachfüllen.

Ergibt: 3 kleine Baguettes

laktosefrei · milchfrei · nussfrei · eifrei

Baguette

Ein Baguette, das durch seine knusprige Kruste besticht und ganz frisch am allerbesten schmeckt!

Zutaten

125 g Reismehl
100 g Maismehl (bevorzugt weißes)
25 g Kartoffelstärke
50 g Sojamehl
75 g Kichererbsenmehl
2 TL gemahlene Chiasamen
½ TL Guarkernmehl
½ TL Zucker
9 g Trockenhefe
1 TL Salz
400 ml lauwarmes Wasser

Zubereitung

1. Alle Zutaten mehrere Minuten zu einem geschmeidigen, lockeren Teig verarbeiten.
2. Die Teigschüssel abdecken und 2 Stunden an einem warmen Ort gehen lassen.
3. Den Backofen auf 225 °C vorheizen. Ein Backblech mit Backpapier auslegen.
4. Den Teig auf einer bemehlten Arbeitsfläche mit bemehlten Händen zu Baguettes formen. Wer ein rustikales Aussehen mag, verdreht die Teigrollen leicht.
5. 30 bis 35 Minuten backen, leicht abkühlen lassen und am besten noch warm servieren.

Ergibt: 16 kleine Brötchen

laktosefrei · milchfrei · nussfrei

Körnerbrötchen

Diese leckeren Brötchen schmecken ganz frisch am besten und lassen sich gut einfrieren, sodass Sie immer welche vorrätig haben.

Zutaten

1 EL Flohsamen oder Chiasamen
400 ml lauwarmes Wasser
520 g glutenfreie Mehlmischung
1 P. Trockenhefe
½ TL Zucker
½ TL Salz
30 g weiche Margarine
1 EL Apfelessig
1 Ei
Sesam, Mohn, Leinsamen oder Sonnenblumenkerne zum Bestreuen

Zubereitung

1. Die Floh- oder Chiasamen in das lauwarme Wasser einrühren und 10 Minuten quellen lassen.
2. Salz und Mehl in eine Schüssel füllen. Trockenhefe und Zucker, dann Margarine, Apfelessig und das Gemisch aus Wasser und Floh- oder Chiasamen hinzufügen. Alles zu einem geschmeidigen Teig kneten, der sich vom Schüsselrand löst. Bei Bedarf noch etwas Mehl zufügen.
3. Das Ei in einer Tasse verquirlen. Die Körner auf kleine Teller verteilen.
4. Den Backofen auf 50 °C vorheizen. Ein Backblech mit Backpapier auslegen.
5. Mit bemehlten Händen aus dem Teig 16 Brötchen formen. Die Brötchen mit verquirltem Ei bestreichen, nach Belieben in die verschiedenen Körner drücken und auf das Backblech legen. Den Backofen ausschalten und die Brötchen auf dem Blech 1 Stunde im geschlossenen Ofen aufgehen lassen.
6. Das Backblech aus dem Ofen holen und die Brötchen gegebenenfalls durch Abdecken vor Zugluft schützen. Den Backofen auf 200 °C vorheizen und eine Schale mit Wasser unten in den Ofen stellen.
7. Die Brötchen 25 bis 30 Minuten backen, etwas abkühlen lassen und möglichst frisch genießen.

Ergibt: ca. 25 Stangen

nussfrei

Partystangen

Das Grundrezept stammte ursprünglich von einer Jugoslawin und ist in meiner Familie schon seit vielen Jahren sehr beliebt. Dies ist die glutenfreie Variante der knusprigen Gebäckstangen.

Zutaten

Für den Teig
50 ml Milch
1 Prise Zucker
knapp ½ Würfel Hefe
60 g Margarine
1 Ei
100 g weißes Maismehl
50 g Kichererbsenmehl
100 g Reismehl
½ TL Salz
1 EL Kartoffelmehl

Zum Bestreichen
1 Eigelb
1 EL Milch

Zum Bestreuen
Mohn, Sesamsamen, Sonnenblumenkerne, Kürbiskerne, Parmesan, Leinsamen

Zubereitung

1. Die Milch erwärmen und ein Backblech mit Backpapier auslegen.
2. Den Zucker mit der lauwarmen Milch und der zerbröckelten Hefe vermischen.
3. Den Hefeansatz mit den übrigen Zutaten zu einem glatten Teig verarbeiten, der sich vom Schüsselrand löst.
4. Aus dem Teig ca. 12 cm lange Stangen formen, auf das Blech legen und etwa 30 Minuten an einem warmen Ort aufgehen lassen (gegebenenfalls durch Abdecken vor Zugluft schützen).
5. Inzwischen den Backofen auf 200 °C vorheizen.
6. Das Eigelb mit der Milch verquirlen. Die Stangen damit bestreichen und wahlweise mit Mohn, Sesam, Sonnenblumenkernen, Kürbiskernen, Parmesan oder Leinsamen bestreuen.
7. Auf mittlerer Schiene etwa 20 Minuten backen.

Extra-Tipp:

- Wenn Sie 1 Teelöffel gemahlene Chiasamen unter den Teig rühren, wird die Konsistenz geschmeidiger
- Diese Gebäckstangen passen wunderbar zu selbst gemachten Aufstrichen wie Hummus, Thunfischcreme oder Schafskäse-Pesto-Aufstrich.

Ergibt: ca. 25 Brezeln

nussfrei

Sesambrezeln

Dieses köstliche Knabbergebäck hat eine sehr gute Konsistenz und schmeckt ganz frisch besonders lecker.

Zutaten

100 ml Milch
100 g weißes Maismehl
2 Eier
160 g Reismehl
½ Würfel Hefe
etwas Wasser
1 Prise Zucker
1 gestr. TL Salz
60 g Margarine
1 mittelgroße Kartoffel
2 EL Kartoffelstärke
1 TL gemahlener Kümmel

Zum Bestreuen
Sesam
Kürbiskerne

Zubereitung

1. Aus Milch und Maismehl einen sehr dicken Brei kochen. Vom Herd nehmen und die Eier unterrühren.
2. Die Hefe in etwas warmem Wasser auflösen. Mit Reismehl, etwas Zucker, Salz und Margarine unter den Maisbrei rühren.
3. Die rohe Kartoffel fein reiben und mit der Kartoffelstärke und dem Kümmel unter den Hefeteig mischen, sodass ein dickflüssiger Teig entsteht.
4. Ein Backblech mit Backpapier auslegen. Den Teig in einen Spritzbeutel mit einer großen Tülle füllen und Brezeln auf das Backblech spritzen. Dabei am besten jede Brezel zweimal übereinander spritzen, damit sie dick genug werden.
5. Die Brezeln mit Sesam bestreuen und mit Kürbiskernen verzieren. An einem warmen Ort eine halbe Stunde aufgehen lassen und gegebenenfalls durch Abdecken vor Zugluft schützen.
6. Den Backofen auf 160 °C vorheizen und die Brezeln 15 Minuten backen.

Ergibt: ca. 50 Plätzchen

laktosefrei · milchfrei · nussfrei

Käsegebäck

Dieses pikante Knabbergebäck schmeckt wunderbar zu einem Glas Wein oder einfach pur zwischendurch. Dass es beim Backen etwas aus der Form gerät, tut dem Geschmack keinen Abbruch.

Zutaten

250 g glutenfreie Mehlmischung
1 TL Guarkernmehl
1 TL gemahlene Chiasamen
250 g Margarine
250 g geriebener Bergkäse
etwas Salz
4 EL (Soja-)Sahne
Sesam, Mohn, Kümmel oder Sonnenblumenkerne zum Bestreuen

Zubereitung

1. Mehlmischung, Guarkernmehl und gemahlene Chiasamen mischen.
2. Margarine, Salz und geriebenen Käse mit dem Mehl verrühren, bis ein einheitlicher Teig entsteht.
3. Den Teig 1 Stunde zugedeckt im Kühlschrank ruhen lassen.
4. Den Backofen auf 200 °C vorheizen. Ein Backblech mit Backpapier auslegen.
5. Den Teig auf einer bemehlten Unterlage ausrollen, mit beliebigen Ausstechformen Plätzchen ausstechen und diese auf das Backblech legen.
6. Mit der Sahne bepinseln. Nach Belieben mit Sesam, Mohn, Kümmel oder Sonnenblumenkernen bestreuen und 10 bis 15 Minuten backen.

Ergibt: ca. 30 Kekse

laktosefrei · nussfrei

Emmentaler-Gebäck

Die Besonderheit bei diesem Käsegebäck ist die Verwendung gemahlener Sonnenblumenkerne. Eine aromatisch-würzige Knabberei!

Zutaten

80 g Emmentaler
40 g Sonnenblumenkerne
60 g Butter oder Margarine
30 g Reismehl
20 g Kichererbsenmehl
20 g Kartoffelstärke
½ TL Kurkuma
etwas Salz

Außerdem
1 Ei
2 EL (Soja-)Milch

Kümmel, Mohn, Sonnenblumenkerne, Sesam, Kürbiskerne (zum Bestreuen nach Belieben)

Zubereitung

1. Den Käse fein reiben und die Sonnenblumenkerne fein mahlen. Mit den übrigen Zutaten verkneten.
2. Den Backofen auf 170 °C vorheizen. Ein Backblech mit Backpapier auslegen.
3. Den Teig eventuell mit etwas Reismehl bestäuben und zwischen zwei Lagen Frischhaltefolie ausrollen. Das Ei mit der Milch verquirlen.
4. Die Teigplatte mit der Eimischung bestreichen, nach Belieben mit Körnern, Samen oder Gewürzen bestreuen und in beliebige Formen schneiden.
5. Auf das vorbereitete Backblech legen und etwa 15 Minuten backen, bis das Gebäck goldbraun ist.

Extra-Tipp:

- Wenn das Gebäck eifrei sein soll, können Sie den Teig auch einfach nur mit (Soja-) Milch oder (Soja-)Sahne bestreichen.
- Wenn Sie keine Nussallergie haben, passen als Verzierung auch sehr gut Haselnüsse.

Kleingebäck

Kokos-Cupcakes mit Kokosfrosting

Die Cupcakes haben einen herrlich exotisch-frischen Geschmack und sind nicht nur für Kokosliebhaber ein echter Gaumenschmaus!

Zutaten

Für den Teig

120 g Bitterschokolade
120 g Margarine
2 Eier
80–100 g Zucker (nach Geschmack)
125 g glutenfreie Mehlmischung
100 g Kokosraspeln
1 TL Backpulver
120 ml Kokosmilch

Für das Frosting

200 g Frischkäse
100 g Magerquark
100 g Puderzucker
100 g Kokosraspeln
Kokoschips zum Garnieren

Zubereitung

1. Den Backofen auf 150 °C vorheizen. Ein Muffinblech mit Papierförmchen auslegen.
2. Schokolade und Margarine zusammen in einem kleinen Topf im Wasserbad schmelzen und etwas abkühlen lassen.
3. Die Eier trennen. Das Eiweiß mit einer Hälfte des Zuckers steif schlagen.
4. Das Eigelb mit dem restlichen Zucker schaumig schlagen, dann die Schoko-Margarine-Masse unterrühren.
5. Nach und nach Mehl, Kokosraspeln, Backpulver und Kokosmilch hinzufügen und zu einem glatten Teig rühren. Zuletzt den Eischnee unterheben.
6. Den Teig gleichmäßig auf die Muffinförmchen verteilen und etwa 25 Minuten backen. Auf einem Kuchengitter abkühlen lassen.
7. Währenddessen die Zutaten für das Frosting verrühren. Mithilfe zweier Teelöffel auf die erkalteten Cupcakes häufen. Mit Kokoschips garnieren.

Variante:

- Weiße Schokolade passt ebenfalls sehr gut zu diesen Cupcakes. Denken Sie jedoch daran, dass die Cupcakes süßer werden, wenn Sie die Bitterschokolade durch weiße Schokolade ersetzen.

Ergibt: 12 Cupcakes

nuss-frei

Zitronen-Cupcakes

Der Geschmack dieser einfachen Cupcakes ist herrlich zitronig und erfrischend – nicht nur im Sommer!

Zutaten

Für den Teig

100 g Margarine
100 g Frischkäse
110 g Zucker
abgeriebene Schale von 1 unbehandelten Zitrone
2 Eier
125 g glutenfreie Mehlmischung
½ TL Natron
1 TL Backpulver

Für das Frosting

40 g Margarine
120 g Frischkäse
100 g Magerquark
abgeriebene Schale von 1 unbehandelten Zitrone zum Dekorieren

Zubereitung

1. Den Backofen auf 150 °C vorheizen. Ein Muffinblech mit Papierförmchen auslegen.
2. Margarine, Frischkäse, Zucker, Zitronenschale und Eier verquirlen.
3. Mehl mit Natron und Backpulver mischen und mit der Eimasse verrühren.
4. Den Teig auf die Muffinförmchen verteilen und 25 Minuten backen. Danach auskühlen lassen.
5. Für das Frosting alle Zutaten in eine Schüssel füllen und cremig rühren. 10 Minuten kalt stellen. Anschließend auf die Cupcakes löffeln und mit abgeriebener Zitronenschale verzieren.

Ergibt: 12 Muffins

laktosefrei · milchfrei · nussfrei

Schoko-Kirsch-Muffins

Sehr fruchtige Muffins mit einer wunderbar lockeren Konsistenz!

Zutaten

350 g Sauerkirschen aus dem Glas (Abtropfgewicht)
125 g glutenfreie Mehlmischung
2 TL Backpulver
75 g Bitterschokoladentropfen (oder grob gehackte Schokolade)
125 g Margarine
90 g Zucker
1 TL Zimt
3 Eier
2 EL Kirschsaft
Puderzucker zum Bestäuben

Zubereitung

1. Die Kirschen abtropfen lassen, den Saft auffangen.
2. Den Backofen auf 180 °C vorheizen. Ein Muffinblech mit Papierförmchen auslegen.
3. Margarine mit Zucker und Zimt schaumig rühren. Die Eier hinzufügen und verrühren. Mehl, Backpulver und Schokolade dazugeben und unterrühren. Zum Schluss die Kirschen und 2 EL Kirschsaft unterheben.
4. Den Teig gleichmäßig auf die Muffinförmchen verteilen und 25 Minuten backen.
5. Nach dem Backen abkühlen lassen, dann mit Puderzucker bestäuben.

Mandel-Keks-Muffins

Gelegentlich fallen Reste glutenfreier Backwaren an, die Sie für einen Nachtisch, als Boden einer Kühlschranktorte oder in dieser saftigen Muffinsvariation verwenden können.

Zutaten

100 g glutenfreie Kekse
80 g Margarine
2 Eier
70 g Mandeln
30 g Bitterschokolade
40 g Zucker
½ TL Zimt

Außerdem
etwas Marmelade zum Bestreichen
Schokolade zum Verzieren

Zubereitung

1. Die Kekse mahlen.
2. Die Eier zusammen mit dem Zucker sehr schaumig rühren.
3. Den Backofen auf 180 °C vorheizen. Die Mulden eines Muffinblechs einfetten oder mit Papierförmchen auslegen.
4. Mandeln zusammen mit der Schokolade mahlen und ebenso wie den Zimt unter die Eimasse rühren.
5. Den Teig auf die Muffinformen verteilen und 20 Minuten backen.
6. Die Muffins auskühlen lassen, mit etwas Marmelade bestreichen und nach Belieben mit Schokolade verzieren.

Extra-Tipp:

- Wenn dieses Rezept laktose- und milchfrei sein soll, müssen Sie darauf achten, dass auch die verwendeten Kekse keine Milchprodukte enthalten.

Walnuss-Kirsch-Muffins

Diese fruchtig-nussigen Muffins sind einfach herzustellen und eignen sich gut zum Mitnehmen.

Zutaten

200 g Kirschen
75 g Walnüsse
175 g glutenfreie Mehlmischung
100 g Kastanienmehl
½ P. Backpulver
½ TL Zimt
1 Ei
150 g Zucker
100 ml Rapsöl
Mark von 1 Vanilleschote
250 g (Soja-)Joghurt

Zubereitung

1. Frische Kirschen waschen und entsteinen; alternativ Kirschen aus dem Glas abtropfen lassen und mit etwas Kartoffelstärke oder glutenfreiem Mehl bestäuben. Die Kirschen ein wenig zerkleinern. Die Walnüsse grob hacken.
2. Mehle, Backpulver und Zimt mischen. Den Backofen auf 175 °C vorheizen. Die Mulden eines Muffinblechs mit Papierförmchen auslegen oder einfetten.
3. Das Ei leicht verquirlen, mit Zucker, Öl, Vanille und Joghurt verrühren. Die Mehlmischung hinzufügen und alles verrühren, sodass ein schwerer Teig entsteht.
4. Kirschen und Walnüsse unterheben.
5. Den Teig auf die Muffinförmchen verteilen, 20 Minuten backen.

Extra-Tipp:

- Sie können den Teig auch in kleine Guglhupfformen (10 cm Durchmesser) füllen, dann verlängert sich die Backzeit um 5 Minuten.

Ergibt: 12 Törtchen

laktosefrei milchfrei nussfrei

Apfeltörtchen

Eine saftige Apfelfüllung wird hier mit Mürbteig kombiniert. Besonders köstlich schmecken diese Törtchen noch lauwarm zu Schokoladeneis!

Zutaten

Für den Teig

200 g Margarine
80 g Zucker
Mark von 1 Vanilleschote
1 Prise Salz
2 Eigelb
½ P. Backpulver
1 TL gemahlene Chiasamen
1 TL Guarkernmehl
320 g glutenfreie Mehlmischung

Für die Füllung

35 g Rosinen
3 EL Rum
800 g säuerliche Äpfel
25 g Kartoffelstärke
1 Eigelb
20 g Margarine
200 ml Weißwein
1 TL Zitronensaft
70 g Zucker
abgeriebene Schale 1 unbehandelten Zitrone
50 g Aprikosenmarmelade nach Belieben

Zubereitung

1. Die Rosinen in Rum einlegen und mehrere Stunden ziehen lassen.
2. Für den Teig Margarine und Zucker mit dem Mark der Vanilleschote verkneten.
3. Abgeriebene Zitronenschale, Salz und Eigelb hinzufügen und unterkneten.
4. Mehl, Backpulver, gemahlene Chiasamen und Guarkernmehl dazugeben und kneten, bis ein glatter Teig entsteht. Kalt stellen und 1 Stunde ruhen lassen.
5. Währenddessen für die Füllung die Äpfel schälen, entkernen und fein würfeln.
6. Die Kartoffelstärke mit Eigelb und 1 Esslöffel Wein anrühren.
7. Die Äpfel mit dem restlichen Wein, Margarine, Zitronensaft und Zucker in einem Topf aufkochen, dann auf kleiner Stufe 1 Minute köcheln lassen. Die Stärke hineinrühren, kurz aufkochen lassen und vom Herd nehmen.
8. Die Äpfel etwas abkühlen lassen, dann Zitronenschale und Rumrosinen unterrühren.
9. Den Backofen auf 180 °C vorheizen. Sofern Tartelette-Förmchen verwendet werden, die nicht aus Silikon bestehen, diese einfetten.
10. Boden und Rand der Förmchen mit drei Vierteln des Mürbteigs auslegen. Die Apfelfüllung auf dem Teig verteilen. Das restliche Viertel des Teigs verwenden, um ein Gittermuster auf die Füllung zu legen.
11. Die Törtchen 20 bis 25 Minuten backen. Abkühlen lassen.
12. Nach Belieben die Aprikosenkonfitüre erwärmen und die Törtchen dünn damit bestreichen.

Extra-Tipp:

- Statt 12 Törtchen können Sie auch eine Springform mit 28 Zentimetern Durchmesser verwenden. Dann verlängert sich die Backzeit auf 30 bis 35 Minuten.
- Dieses Rezept ist hervorragend zur Verwertung von übrigem Eigelb geeignet. Ansonsten können Sie das Eiweiß beispielsweise für die Rezepte „Zimtsterne“, „Wespennester“, „Kokosmakronen“, „Cranberry-Mandel-Makronen“, „Brombeer-Baiser-Torte“ oder „Stachelbeerkuchen“ verwenden.

Macadamia-Schoko-Törtchen

Eine sündige, sehr massive Versuchung für alle Schokoladenliebhaber! Diese Törtchen eignen sich auch wunderbar als Nachtisch.

Zutaten

Für den Teig

200 g helle, glutenfreie Mehlmischung
50 g Teffmehl
1 TL gemahlene Chiasamen
140 g Margarine
1 Ei
1 Prise Salz
60 g Zucker
1 EL Kakao

Für die Füllung

300 ml Sahne
270 g Zartbitterschokolade
100 g Macadamianüsse, gesalzen
30 ml Wasser
80 g Zucker

Zubereitung

1. Für den Teig die kalte Butter mit Mehl, Chiasamen, Ei, Salz, Zucker und Kakao in eine Schüssel füllen. Erst mit den Knethaken, dann mit der Hand zu einem Mürbteig verkneten und mindestens 30 Minuten im Kühlschrank kalt stellen.
2. Den Backofen auf 190 °C vorheizen.
3. Den Mürbteig auf einer leicht bemehlten Arbeitsfläche ausrollen und die Tartelette-Förmchen damit auslegen. Den Teig mehrfach mit einer Gabel einstechen und zum Blindbacken mit Backpapier und getrockneten Hülsenfrüchten belegen.
4. Die Teigböden etwa 15 Minuten vorbacken. Backpapier und Hülsenfrüchte entfernen und nochmals etwa 15 Minuten backen.
5. Für die Schokoladenfüllung die Sahne in einem Topf erhitzen und die klein gehackte Schokolade dazugeben. Unter Rühren schmelzen lassen.
6. Die Creme etwas abkühlen lassen, dann auf die vorgebackenen Böden gießen.
7. Die Tartelettes in den Kühlschrank stellen und inzwischen das Topping vorbereiten.
8. Für das Topping das Wasser mit dem Zucker in einer Pfanne karamellisieren lassen.
9. Währenddessen die gesalzenen Macadamianüsse hacken. Die Nüsse in der Pfanne unter Rühren karamellisieren.
10. Karamell abkühlen lassen und auf der Schokoladenmasse verteilen, sobald diese etwas fest geworden ist.
11. Die Törtchen 6 Stunden (oder über Nacht) im Kühlschrank fest werden lassen.

Variante:

- Die Bitterschokolade können Sie auch teilweise durch Vollmilchschokolade ersetzen.
- Etwas geriebene Orangenschale in der Füllung verleiht den Törtchen ein feines zusätzliches Aroma.

Tarte au citron

Das Grundrezept für diese in Frankreich sehr beliebte Zitronentorte verdanke ich meiner französischen Freundin. Die Tarte au citron schmeckt herrlich erfrischend und kann auch Menschen überzeugen, die für Torten und Kuchen nicht viel übrighaben.

Zutaten

Für den Teig

50 g Teffmehl
100 g glutenfreie Mehlmischung
75 g Margarine
ca. ½ Glas lauwarmes Wasser
1 Prise Salz

Für die Zitronencreme

125 g Margarine
3 unbehandelte Zitronen
180 g Zucker
3 Eier
1 Prise Salz
25 g Zartbitterschokolade (nach Belieben zum Verzieren)

Zubereitung

1. Aus den Teigzutaten einen geschmeidigen Mürbteig kneten. Dabei das Wasser nach und nach hineingießen. Es wird maximal ein halbes Glas Wasser benötigt.
2. Eine Springform oder die Tartelette-Förmchen einfetten. Mit dem Teig die Springform beziehungsweise Tartelette-Förmchen auslegen, sodass außer dem Boden auch der Rand mindestens halb hoch mit Teig bedeckt ist.
3. Für die Creme die Margarine im Wasserbad schmelzen, vom Herd nehmen. Zucker dazu geben und gut miteinander verrühren.
4. Den Backofen auf 150 °C vorheizen.
5. Von den drei Zitronen die Schale abreiben und zur Margarine-Zucker-Mischung geben. Nun den Saft aus den Zitronen pressen und unter die Mischung rühren. Danach die drei Eier hinzufügen. Das Ganze so lange rühren, bis eine homogene, sehr flüssige Mischung entsteht.
6. Nun die Mischung auf den Teigboden gießen und etwa 45 Minuten backen.
7. Die Zartbitterschokolade reiben. 10 Minuten vor Ende der Backzeit die Schokolade in die Mitte der Tarte oder Törtchen streuen und fertig backen.

laktosefrei milchfrei

Brownies

Diese Brownies sind sehr schokoladig, gehaltvoll und kommen ganz ohne Mehl aus.

Zutaten

200 g Zartbitterschokolade
200 g Margarine
150 g Zucker
200 g gemahlene Mandeln
½ P. Backpulver
Prise Salz
4 Eier

Zubereitung

1. Schokolade zusammen mit der Margarine im Wasserbad schmelzen, etwas abkühlen lassen.
2. Den Backofen auf 140 °C vorheizen. Ein kleines Backblech mit Backpapier auslegen.
3. Die Eier trennen. Das Eiweiß mit der Prise Salz steif schlagen.
4. Die Schokomasse mit Zucker, Mandeln, Backpulver und Eigelb zu einem geschmeidigen Teig verrühren. Zum Schluss den Eischnee unterheben.
5. Den Teig etwa 2 Zentimeter dick auf das Backblech streichen und 40 Minuten backen. Nach dem Abkühlen sollten die Brownies innen noch feucht sein.

Extra-Tipp:

- Die Brownies halten sich im Kühlschrank gut zwei Wochen und eignen sich auch hervorragend zum Mitnehmen.
- Wer mag, kann 1 Esslöffel Grand-Manier, Cointreau oder Ähnliches unter den Teig rühren.

Ergibt: 8 Taschen

nussfrei · eifrei

Apfeltaschen

Ein Gebäck aus Quark-Öl-Teig, das sich mit einer beliebigen süßen Füllung kombinieren lässt. Wenn Sie den Zucker weglassen, ist auch eine herzhafte Füllung (beispielsweise mit Hackfleisch) möglich. Lassen Sie Ihrer Fantasie freien Lauf!

Zutaten

Für den Quark-Öl-Teig
150 g Magerquark
5 EL Milch
6 EL Öl (z. B. Rapsöl)
Mark von 1 Vanilleschote
1 Prise Salz
250 g glutenfreie Mehlmischung
½ P. Backpulver
½ TL gemahlene Chiasamen

Für die Füllung
220 g Apfelmus mit Stücken (optional mit Zimt und Rosinen, am besten selbst gemacht)

Zum Bestreichen
1 Eigelb oder etwas Milch

Zubereitung

1. Magerquark, Milch, Öl, Zucker, Vanille und Salz verrühren.
2. Mehl, Chiasamen und Backpulver mischen und mit dem Handrührgerät nach und nach in die Quarkmischung einarbeiten. 30 Minuten kalt stellen.
3. Den Backofen auf 175 °C vorheizen. Ein Backblech mit Backpapier auslegen.
4. Den Teig mit den Händen kneten. Falls er klebt, noch etwas Mehl einarbeiten.
5. Teig in acht Teile teilen und Teigkreise mit einem Durchmesser von 10 bis 12 cm formen. In die Mitte jeweils einige Teelöffel Apfelmus geben. Die Teigkreise zu halbrunden Taschen zusammenklappen, die Ränder mit einer Gabel zusammendrücken.
6. Die Teigtaschen auf das Backblech setzen und mit verquirltem Eigelb (oder Milch) bestreichen.
7. 20 bis 25 Minuten backen.

Extra-Tipp:

- Die Apfeltaschen schmecken ganz frisch am leckersten – am besten noch lauwarm genießen, eventuell mit etwas Schlagsahne!
- Sie können die Apfeltaschen auch gut einfrieren. Nach dem Auftauen einmal kurz aufbacken oder auf den Toaster legen – schon schmecken sie wie frisch gebacken.

Ergibt: ca. 12 Nussecken

laktosefrei milchfrei

Nussecken

Nussecken müssen nicht staubtrocken sein – auch glutenfreie nicht! Diese Variante ist schön saftig und überzeugt auch Menschen, die Nussecken sonst nicht mögen und sich nicht glutenfrei ernähren müssen.

Zutaten

Für den Teig

150 g Reismehl
150 g Kichererbsenmehl
½ TL Guarkernmehl
½ TL gemahlene Chiasamen
1 TL Backpulver
100 g Zucker
Mark von 1 Vanilleschote
2 Eier
130 g Margarine

Für den Belag

7 EL Aprikosenkonfitüre
100 g Zucker
220 g Margarine
Mark von 1 Vanilleschote
4 EL Wasser
200 g gehackte Haselnüsse
200 g gehackte Mandeln
75 g Zartbitterschokolade
10 g Kokosfett

Zubereitung

1. Aus den Teigzutaten einen Mürbteig herstellen. Ein mit Backpapier ausgelegtes Backblech mit dem Teig auslegen.
2. Den Backofen auf 180 °C vorheizen.
3. Die Teigplatte mit der Konfitüre bestreichen.
4. Die Margarine in einem Topf schmelzen. Zucker, Vanillemark und Wasser hinzufügen, einmal kurz aufkochen. Nüsse und Mandeln hinzugeben und unterrühren.
5. Die Nussmasse gleichmäßig auf den Teig streichen.
6. 30 Minuten backen. Das abgekühlte Gebäck in Quadrate schneiden und diese dann diagonal in Dreiecke teilen.
7. Schokolade und Kokosfett im Wasserbad schmelzen. Die Nussecken mit der Schokolade überziehen.

Extra-Tipp:

- Die Nussecken halten sich im Kühlschrank problemlos eine Woche.

Pariser Schnitten

Das Rezept für dieses saftige Gebäck wird in unserer Familie von Generation zu Generation weitergegeben und ließ sich problemlos glutenfrei adaptieren.

Zutaten

Für den Teig
4 Eier
100 g Margarine
100 g Zucker
1 Prise Salz
abgeriebene Schale von
1 unbehandelten Zitrone
30 g Kichererbsenmehl
30 g weißes Maismehl
30 g Reismehl
75 g Zartbitterschokolade
140 g gemahlene Mandeln
1 TL Backpulver
1 EL Kartoffelstärke

Zum Bestreichen
200 g Johannisbeergelee

Für die Glasur
4 EL Zitronensaft
200 g Puderzucker

Zum Verzieren
50 g Zartbitterschokolade

Zubereitung

1. Die Eier trennen. Margarine mit dem Zucker und dem Eigelb sehr schaumig rühren. Die Schokolade reiben.
2. Den Backofen auf 175 °C vorheizen. Ein Backblech mit Backpapier auslegen.
3. Mehl, Kartoffelstärke, Backpulver, Zitronenschale, geriebene Schokolade und gemahlene Mandeln mischen. Mit der Eigelbmasse verrühren.
4. Eiweiß mit der Prise Salz steif schlagen und vorsichtig unter den Teig heben.
5. Den Teig fingerdick auf das Backpapier streichen und 30 Minuten backen.
6. Die Teigplatte aus dem Ofen nehmen und auskühlen lassen. Das Gelee glatt rühren und auf die Teigplatte streichen.
7. Den Zitronensaft mit dem Puderzucker glatt rühren. Die Glasur ebenfalls vorsichtig auf der Teigplatte verstreichen.
8. Wenn die Glasur fest geworden ist, die Teigplatte in 32 Stücke schneiden.
9. Die Schokolade schmelzen, in einen Gefrierbeutel füllen und diesen zuknoten. Eine Ecke des Beutels abschneiden und die Schnitten mit der Schokolade beliebig verzieren.

Extra-Tipp:

- Die Pariser Schnitten lassen sich in einer Blechdose mehrere Wochen aufbewahren.

Variante:

- Statt der geschmolzenen Schokolade können Sie zur Verzierung auch je eine kandierte Kirsche auf die Schnitten setzen oder die Schnitten mit Schokoraspeln bestreuen.
- Statt der verschiedenen Mehlsorten können Sie auch einfach 90 g glutenfreie Fertigmehlmischung verwenden.

Ergibt: ca. 30 Stück

Mini-Donuts

Bei Kindern sind diese kleinen Leckereien ein Renner – vor allem, wenn sie hübsch mit Schokolade, Mandeln oder allerlei anderem Dekor verziert sind.

Zutaten

2 Eier
110 g Zucker
1 EL Rapsöl
150 g Schmand
50 g Magerquark
230 g glutenfreie Mehlmischung
1 TL Backpulver
½ TL Natron
½ TL Zimt
Prise Salz
1 Schuss Milch

Zum Verzieren nach Belieben
Bitterschokolade
Vollmilchschokolade
Mandelstifte

Zubereitung

1. Den Donut-Maker vorheizen. Die Mulden mit etwas Öl einfetten.
2. Die Eier mit dem Zucker schaumig rühren. Dann die anderen Zutaten unterrühren. Der Teig sollte nicht flüssig, aber auch nicht zu fest sein. Die Milchmenge entsprechend anpassen.
3. Mithilfe zweier kleiner Löffel den Teig in die Donutmulden füllen. Die Mulden dabei zu etwa zwei Dritteln füllen.
4. Die Donuts backen, sodass sie gar, aber noch recht hell und weich sind.
5. Abkühlen lassen und nach Belieben mit Schokolade und Mandelstiften verzieren – oder gleich warm direkt aus dem Automaten essen!

Extra-Tipp:

- Wenn Sie keinen Donut-Maker besitzen, können Sie auch kleine Bällchen formen und in einer Pfanne in Öl frittieren oder mit Margarine bestreichen und auf einem Backblech backen (15 Minuten bei 180 °C).
- Die Mini-Donuts sind nussfrei, wenn Sie keine Nüsse zum Verzieren verwenden.

Ergibt: 7-8 Waffeln

laktosefrei · milchfrei · nussfrei

Schokowaffeln

Waffeln sind nicht nur bei Kindern sehr beliebt und meist recht schnell und einfach gemacht. Diese schmecken besonders gut, wenn sie noch leicht warm sind und zum Beispiel mit Kirschen, roter Grütze und Sahne oder Eis serviert werden.

Zutaten

200 g Margarine
4 Eier
60 g Zucker
1 Prise Salz
1 EL Rum
200 g glutenfreie Mehlmischung
2 TL Backpulver
2 EL Kakaopulver
30 g Zartbitter-Schokoladenstückchen
ca. ½ Glas Mineralwasser mit Kohlensäure

Zubereitung

1. Margarine, Zucker, Eier, Salz und Rum schaumig rühren.
2. Mehl, Backpulver und Kakao hinzufügen und unterrühren. Wasser hinzufügen, bis ein dickflüssiger Waffelteig entsteht.
3. Schokostückchen unterheben.
4. Jeweils eine Schöpfkelle im Waffeleisen backen.

Ergibt: 3 Gläser à 250 ml

laktosefrei · milchfrei

Apfel-Schichtküchlein im Glas

Kuchen im Einweckglas zu backen, ist ein neuer Trend. Man kann das Gebäck auf diese Weise Wochen oder sogar Monate haltbar machen, auf Vorrat backen und auch gut verschenken.

Zutaten

250 g geschälte, entkernte Äpfel
1 Zitrone
1 Ei
80 g Margarine
1 Prise Salz
60 g brauner Rohrzucker
3 Tropfen Buttervanille-Aroma
2 EL Rum
½ TL Zimt
20 g Kartoffelstärke
20 g Reismehl
20 g Kichererbsenmehl

Außerdem
Mandelblättchen

Zubereitung

1. Die Äpfel in dünne Scheiben schneiden. Die Zitrone auspressen.
2. Das Ei trennen. Das Eiweiß mit der Prise Salz steif schlagen. Das Eigelb mit der weichen Margarine, Zucker, Rum, Zimt und Aroma schaumig rühren.
3. Den Eischnee auf die Eigelbmasse gleiten lassen, Mehl und Kartoffelstärke darüber streuen. Alles vorsichtig unterheben.
4. Den Backofen auf 180 °C vorheizen. Die drei Einmachgläser einfetten und mit den Mandelblättchen ausstreuen.
5. Abwechselnd Teig und Apfelscheiben in die Gläser füllen. Obendrauf Mandelblättchen streuen.
6. Die offenen Gläser 30 Minuten backen. Sofort herausnehmen, den Deckel aufsetzen und verschlossen auskühlen lassen. Wenn der Kuchen länger haltbar sein soll, sofort nach dem Herausholen aus dem Ofen den Gummiring zwischen Glas und Deckel legen und mit Metallbügeln fest verschließen.

Ergibt: 12-16 Riegel

laktosefrei | milchfrei

Kernige Müsliriegel

Wer unterwegs ist, braucht gelegentlich einen kleinen Imbiss und neue Energie: Beides liefern diese gesunden Müsliriegel.

Zutaten

50 g Sonnenblumenkerne
50 g Kürbiskerne
50 g Mandeln
3 EL Sesamsamen
75 g Hirseflocken
75 g Soja- oder Haferflocken
60 g brauner Zucker
1 Ei
2 TL Zitronensaft
3 EL flüssiger Honig, Ahornsirup oder Zuckerrübensirup
1 Prise Salz
1 TL Zimt
½ TL Kardamom

Zum Bestreichen
40 g Margarine

Zubereitung

1. Sonnenblumenkerne, Kürbiskerne und Mandeln hacken.
2. Den Backofen auf 175 °C vorheizen. Ein Backblech mit Backpapier auslegen.
3. Das Ei mit Zucker, Honig, Salz, Zimt, Kardamom und Zitronensaft schaumig rühren. Dann die Körner, Mandeln und Flocken unterrühren.
4. Die Masse fingerdick auf das Backblech streichen, mit Frischhaltefolie bedecken und mit dem Nudelholz fest andrücken. Dann die Folie entfernen.
5. Margarine schmelzen und auf die Masse streichen.
6. 20 bis 25 Minuten backen. Noch warm in Riegel schneiden und auf einem Kuchengitter auskühlen lassen.

Extra-Tipp:

- Die Müsliriegel eignen sich hervorragend zum Mitnehmen. Dazu empfiehlt es sich, sie einzeln in Alufolie zu verpacken.

Fruchtige Müsliriegel

Diese Müsliriegel sind sehr variabel, sodass Sie sie ganz an Ihre persönlichen Vorlieben anpassen können. Im Kühlschrank halten sie in einer verschlossenen Dose mehrere Wochen.

Zutaten

50 g Reismehl
50 g Kichererbsenmehl
20 g Kartoffelmehl
400 g fertiges oder selbst gemischtes Müsli (siehe „Extra-Tipp")
100 g Marmelade (z. B. Brombeere)
100 g cremiger Honig
120 g Apfelmus

Zubereitung

1. Den Backofen auf 170 °C vorheizen. Ein Backblech mit Backpapier auslegen.
2. Alle Zutaten gut miteinander verrühren, sodass eine mehr oder weniger einheitliche Masse entsteht.
3. Die Masse gleichmäßig auf das Backblech streichen und festdrücken.
4. 20 Minuten backen und noch warm in Riegel schneiden.

Extra-Tipp:

- Mein Vorschlag für eine Müslimischung: 20 g Hirseflocken, 60 g Haferflocken, 40 g Sonnenblumenkerne, 40 g Leinsamen, 50 g getrocknete und zerkleinerte Aprikosen, 20 g Kürbiskerne, 30 g Sesam, 50 g zerkleinerte Rosinen, 50 g Kokosflocken, 40 g gehackte Mandeln.
- Je nach Müslimischung, die Sie verwenden, sind diese Müsliriegel auch nussfrei.

Kuchen

Ergibt: 1 Kasten- oder Gugelhupfform bzw. mehrere kleine Gugelhupfe

laktosefrei · milchfrei

Fruchtiger Schokokuchen

Dieser einfache, saftige Rührkuchen war einer der ersten, die ich als Kind backen durfte. Im Laufe der Jahre habe ich das Rezept abgewandelt und dann an glutenfreie Bedürfnisse angepasst.

Zutaten

250 g Margarine
150 g Zucker
Mark von 1 Vanilleschote
4 Eier
1 Prise Salz
2 EL Rum (oder ½ Fläschchen Rum-Aroma)
200 g glutenfreie Mehlmischung
50 g Kartoffelstärke
1 TL Backpulver
1 TL Guarkernmehl
100 g gemahlene Mandeln
75 g gehackte Bitterschokolade
50 g Zitronat
50 g Orangeat
50 g Rosinen (evtl. in 2 EL Rum oder Apfelsaft eingelegt)

Zubereitung

1. Sofern gewünscht, die Rosinen einige Stunden in Rum oder Apfelsaft einlegen.
2. Den Backofen auf 170 °C vorheizen. Eine Kastenform einfetten.
3. Margarine schaumig rühren. Nach und nach Zucker, Vanille, Eier, Salz und Rum hinzufügen und unterrühren.
4. Mehle, Backpulver, Kartoffelstärke und gemahlene Mandeln unterrühren. Zuletzt Schokolade, Zitronat, Orangeat und Rosinen unterheben.
5. Den Teig in die Form füllen und 60 bis 70 Minuten backen. Der Kuchen sollte durchgebacken, aber innen noch saftig sein.

Extra-Tipp:

- Wenn Sie den Kuchen als Gugelhupf gebacken haben, können Sie ihn nun mit einem „Zebraguss“ verzieren – das ist insbesondere bei Kindern der Hit! Tragen Sie dazu abwechselnd Streifen aus Zitronenglasur und geschmolzener Bitterschokoladenkuvertüre auf.
- Der Kuchen hält sich ein paar Tage und kann gut einen Tag im Voraus gebacken werden.
- Wenn Sie aus diesem Teig mehrere kleine Kuchen backen, verkürzt sich die Backzeit um 10–15 Minuten.

Ergibt: Springform (Ø 22 cm)

laktosefrei
milchfrei

Schoko-Kirschkuchen

Ein kernig schmeckender Schokokuchen, der durch die Kirschen schön fruchtig wird. Mit Teffflocken schmeckt er feiner und nussiger, doch da diese nicht so leicht zu bekommen sind, kann man sie durch Hirseflocken ersetzen.

Zutaten

100 g Zartbitterschokolade
125 g gemahlene Mandeln
200 g weiche Margarine
4 Eier
120 g Zucker
1 Prise Zimt
2 EL Rum
100 g Teffflocken oder Hirseflocken
50 g Kartoffelmehl
½ P. Backpulver
1 Glas Sauerkirschen (350–400 g Abtropfgewicht)

Zubereitung

1. Die Sauerkirschen abtropfen lassen. Die Schokolade reiben.
2. Den Backofen auf 175 °C vorheizen. Eine Springform einfetten.
3. Zucker, Margarine und gemahlene Mandeln verrühren. Die Eier hinzufügen und schaumig rühren.
4. Flocken, Schokolade, Zimt, Backpulver, Kartoffelmehl und Rum hinzufügen. Alles zu einem glatten Teig verrühren.
5. Die abgetropften Kirschen mit etwas Kartoffelmehl bestäuben und unter den Teig heben.
6. Den Teig in die Springform füllen und 60 Minuten backen. Nach Ende der Backzeit den Kuchen noch 10 Minuten im geschlossenen Ofen stehen lassen. Herausholen und vor dem Anschneiden vollständig auskühlen lassen.

Extra-Tipp:

- Mit Sahne schmeckt dieser Kuchen noch besser!
- Wenn Sie Hirseflocken verwenden, können Sie diese vorab ein wenig mahlen, damit sie feiner werden.

Ergibt: Je nach Größe 8-12 kleine Küchlein
oder 1 Kastenform

laktose-frei
milch-frei

Schoko-Chili-Kuchen

Diese gehaltvolle, saftige Leckerei kommt ganz ohne Mehl aus.
Ein Muss für alle Schokoliebhaber, die es auch ein wenig scharf mögen!

Zutaten

250 g Bitterschokolade
250 g Margarine
6 Eier
100 g gehackte Walnüsse
75 g Zucker
2 oder 3 getrocknete Chilischoten (nach Geschmack)

Zubereitung

1. Bitterschokolade und Margarine im Wasserbad schmelzen. Verrühren.
2. Eier und Zucker schaumig rühren, bis sich das Volumen deutlich vergrößert.
3. Den Backofen auf 160 °C vorheizen. Mehrere kleine Formen (zum Beispiel Muffinformen) oder eine Kastenform einfetten.
4. Chilischoten im Mörser fein zerkleinern. Die Schoko-Margarine-Mischung unter die Eimasse rühren. Chili und gehackte Walnüsse hinzufügen.
5. Den Teig in die Formen füllen und 25 Minuten backen.

Extra-Tipp:

- Diese Küchlein eignen sich auch hervorragend zum Verschenken.

Karottenkuchen

Der Karottenkuchen wird auch Möhrenkuchen oder Rüeblitorte genannt und ist ursprünglich eine Schweizer Spezialität. Natürlich gibt es zahlreiche verschiedene Rezeptvariationen. Sie schmecken allesamt wunderbar nussig und saftig, sind einfach und schnell herzustellen und kommen mit wenig oder sogar ganz ohne Mehl aus.

Zutaten

Für den Teig

300 g Karotten
4 Eier
150 g Zucker
125 g gemahlene Mandeln
125 g gemahlene Haselnüsse
abgeriebene Schale einer unbehandelten Zitrone
Saft von ½ Zitrone
2 EL Kartoffelstärke
1 TL Backpulver
1 Prise Salz

Für die Glasur

170 g Puderzucker
3 EL Zitronensaft
1–2 EL Kirschwasser (oder entsprechend mehr Zitronensaft)
Marzipankarotten als Dekoration (nach Belieben)

Zubereitung

1. Die Karotten putzen und fein reiben.
2. Die Eier trennen.
3. Eigelb und Zucker schaumig rühren, bis eine helle Creme entsteht. Dann geriebene Karotten, gemahlene Mandeln und Haselnüsse, Zitronenschale und Zitronensaft hinzufügen und anschließend Kartoffelstärke und Backpulver unterrühren.
4. Den Backofen auf 180 °C vorheizen und eine Springform einfetten.
5. Eiweiß mit der Prise Salz steif schlagen. Den Eischnee unter den restlichen Teig heben.
6. Den Teig in die Form füllen und 45 Minuten backen. Auskühlen lassen, dann aus der Form holen.
7. Für die Glasur Zitronensaft, Kirschwasser und Puderzucker zu einer dickflüssigen Creme verrühren.
8. Den Kuchen mit der Glasur bestreichen und nach Belieben mit Marzipankarotten verzieren.

Extra-Tipp:

- Lassen Sie den Karottenkuchen einen Tag durchziehen – dann schmeckt er noch saftiger und aromatischer.

Variante:

- Statt der gemahlenen Haselnüsse können Sie auch die angegebene Menge gemahlener Mandeln verdoppeln.

Ergibt: 1 Kastenform

laktosefrei · milchfrei

Orangen-Kartoffelkuchen

Rührkuchen muss nicht trocken schmecken: Diese Variante wird durch Kartoffeln schön saftig.

Zutaten

Für den Kuchen

300 g Pellkartoffeln
50 g Zitronat
50 g Orangeat
5 Eier
1 Prise Salz
160 g Zucker
1 unbehandelte Orange
130 g Mandeln
30 g Kartoffelstärke
2 TL Backpulver
4 Tropfen Orangen-Aroma

Für die Glasur

2–3 EL Orangensaft
ca. 120 g Puderzucker

Zubereitung

1. Die Pellkartoffeln schälen und durch eine Kartoffelpresse drücken oder mit einer Gabel fein zerdrücken.
2. Die Eier trennen. Das Eigelb mit dem Zucker sehr schaumig rühren.
3. Die Schale der Orange abreiben. Die Orange auspressen. Die Hälfte des Safts für die Glasur beiseite stellen.
4. Orangenschale und die Hälfte des Orangensafts unter die Eigelbmasse rühren.
5. Den Backofen auf 180 °C (Ober-/Unterhitze) vorheizen. Eine Kastenform mit Backpapier auslegen.
6. Zitronat und Orangeat hacken und Mandeln fein mahlen. Zur Eigelbmasse geben und unterrühren. Orangen-Aroma, Kartoffelstärke und Backpulver hinzufügen und unterrühren.
7. Eiweiß mit der Prise Salz zu steifem Schnee schlagen. Vorsichtig unter die Eigelbmasse heben.
8. Den Teig in die vorbereitete Kastenform füllen und auf der unteren Schiene etwa 50 Minuten backen. Auskühlen lassen.
9. Die übrige Hälfte des Orangensafts mit Puderzucker zu einer dickflüssigen Glasur rühren. Den Kuchen damit überziehen.

Extra-Tipp:

- Die Pellkartoffeln können schon am Vortag gekocht werden, um die Vorbereitungszeit zu verkürzen.

Mandel-Rum-Kuchen

Dieser Kuchen ist schnell gemacht und hat eine wunderbar lockere Konsistenz.

Zutaten

3 Eier
1 Prise Salz
80 g Puderzucker
1 EL Rum
3 Tropfen Rum-Aroma
1 EL Rapsöl
100 g gemahlene Mandeln
½ TL Backpulver
1 EL Reismehl

Außerdem
Mandelblättchen zum Ausstreuen der Form
Schokolade zum Verzieren oder Puderzucker zum Bestäuben

Zubereitung

1. Die Eier trennen. Eiweiß mit der Prise Salz steif schlagen.
2. Den Backofen auf 160 °C vorheizen. Die Gugelhupfform sorgfältig einfetten und mit Mandelblättchen ausstreuen.
3. Eigelb mit Puderzucker sehr schaumig rühren. Rum, Rum-Aroma und Rapsöl unterrühren. Dann Mandeln, Reismehl und Backpulver hinzufügen und alles gut verrühren.
4. Den Eischnee unterheben. Den Teig in die vorbereitete Form füllen und 35 Minuten backen.
5. Den Gugelhupf auskühlen lassen und nach Belieben mit Schokolade verzieren oder mit Puderzucker bestäuben.

Ergibt: 1 Gugelhupf

Mohngugelhupf

Ein einfacher, klassischer Kuchen, der schön saftig schmeckt.

Zutaten

125 g Margarine
110 g Puderzucker
2 kleine Eier
100 g gemahlener Mohn
80 g gemahlene Mandeln
40 g Reismehl
40 g Kichererbsenmehl
2 TL Backpulver
100 ml Milch
3 Tropfen Zitronen-Aroma
3 Tropfen Rum-Aroma

Außerdem
gemahlene Mandeln zum Ausstreuen der Form
einige ganze Mandeln für die Vertiefungen der Gugelhupfform
Mandelblättchen zum Bestreuen
Puderzucker zum Bestäuben (nach Belieben)

Zubereitung

1. Weiche Margarine, Puderzucker und Eier sehr schaumig rühren. Nach und nach die übrigen Zutaten für den Teig hinzufügen und unterrühren.
2. Den Backofen auf 175 °C (Ober-/Unterhitze) vorheizen. Die Gugelhupfform einfetten und mit gemahlenen Mandeln ausstreuen. In jede Vertiefung der Form eine ganze Mandel legen. Den Teig vorsichtig in die Form füllen, glatt streichen und mit Mandelblättchen bestreuen.
3. 45 Minuten backen und in der Form etwas auskühlen lassen. Dann stürzen und nach Belieben mit Puderzucker bestäuben.

Rotwein-Apfelkuchen

Diese herbstliche Kreation schmeckt saftig, frisch und sehr aromatisch.

Zutaten

Für den Teig

40 g Maniokmehl oder Kartoffelstärke
80 g Reismehl
20 g Kichererbsenmehl
35 g Zucker
1 P. Vanillezucker
1 Ei
1 Prise Salz
40 g Margarine
1 TL Backpulver
3 Tropfen Buttervanille-Aroma

Für die Füllung

500 g Apfelstücke
1 P. Vanillepudding
50 g Zucker
1 P. Vanillezucker
375 ml Rotwein

Außerdem nach Belieben

gehackte Haselnüsse zum Bestreuen
Schlagsahne zum Verzieren
einige ganze Haselnüsse zum Verzieren

Zubereitung

1. Für den Knetteig alle Teigzutaten miteinander verkneten.
2. Eine Springform mit Backpapier auskleiden. Den Teig auf Boden und Rand der Form verteilen und festdrücken.
3. Für die Füllung Puddingpulver, Zucker, Vanillezucker und Rotwein zusammen aufkochen. Die Apfelstücke unterrühren.
4. Die Apfel-Pudding-Masse auf dem Teigboden verteilen und mit gehackten Haselnüssen bestreuen. In den kalten Backofen stellen, dann auf 150 °C hochheizen und etwa 1 Stunde backen.
5. In der Form auskühlen lassen und nach Belieben mit Sahne und ganzen Haselnüssen verzieren.

Extra-Tipp:

- Wenn Sie Zeit und Kalorien sparen möchten, können Sie auf die Sahne-Nuss-Verzierung verzichten. Dann ist dieser Kuchen außerdem laktose-, milch- und nussfrei.
- Zwischen zwei Lagen Frischhaltefolie lässt sich der Teig besonders gut ausrollen.
- Maniokmehl erhalten Sie im Asialaden.

Stachelbeerkuchen

Dieser sommerliche Kuchen schmeckt besonders saftig, frisch und fruchtig! Außerdem ist der Mürbteigboden überhaupt nicht bröselig.

Zutaten

Für den Mürbteig

170 g glutenfreie Mehlmischung
50 g gemahlene Mandeln
½ TL gemahlene Chiasamen
50 g Zucker
1 Prise Salz
90 g Margarine
1 Ei
2 Eigelb

Für den Belag

500 g Stachelbeeren (aus dem Glas, Abtropfgewicht)
4 Eiweiß
150 g Zucker
80 g gemahlene Mandeln
40 g gemahlene Haselnüsse

Zubereitung

1. Mehl mit gemahlenen Mandeln, Zucker, Salz und gemahlenen Chiasamen mischen.
2. Ei, Eigelb und die in Stücke geschnittene Margarine hinzufügen und alles verkneten. Den Mürbteig 1 Stunde im Kühlschrank ruhen lassen.
3. Boden und Rand einer gefetteten Springform mit dem Teig auslegen. Den Backofen auf 180 °C vorheizen.
4. Für den Belag Eiweiß mit dem Zucker steif schlagen. Die gemahlenen Mandeln und Haselnüsse locker unterheben.
5. Ein Drittel der Eischneemasse auf den Boden streichen. Die Stachelbeeren unter die restliche Masse rühren, in die Springform füllen.
6. Den Kuchen 45 bis 50 Minuten backen, bis er leicht braun ist.

Extra-Tipp:

- Dieses Rezept ist hervorragend zur Verwertung von übrigem Eiweiß geeignet. Ansonsten können Sie das Eigelb beispielsweise für die Rezepte „Mandelbrote“, „Nussknacker“ oder „Apfeltörtchen“ verwenden oder verquirlt zum Bestreichen von Gebäck nutzen.

Variante:

- Sie können auch gefrorene Früchte und/oder andere Beeren verwenden.
- Wenn Sie Haselnüsse oder Mandeln nicht vertragen, können Sie auch ausschließlich das eine oder das andere verwenden.

Rhabarber-Orangen-Kuchen

Wer, wie ich, auch unter Laktoseintoleranz leidet, verwendet bei Backrezepten lieber keine Milch. In diesem Fall kommt stattdessen Orangensaft zum Einsatz, der diesen Kuchen besonders fruchtig werden lässt.

Zutaten

650 g Rhabarber
2 EL Kartoffelstärke
40 g Hirseflocken
1 TL Guarkernmehl
50 g Sojamehl
50 g Kartoffelstärke
80 g Reismehl
30 g Lupinenmehl
40 g Kichererbsenmehl
100 g Teffmehl
80 g gemahlene Haselnüsse
150 g Zucker
1 Prise Salz
1 P. Backpulver
abgeriebene Schale von 1 Orange
150 g Margarine
2 Eier
200 ml Orangensaft
30 g gehackte Mandeln, Mandelblättchen oder Mandelkrokant zum Bestreuen

Zubereitung

1. Rhabarber putzen und in ungefähr 2 cm lange Stücke schneiden. In einer Schüssel mit 2 Esslöffeln Kartoffelstärke mischen.
2. Die Margarine schmelzen und leicht abkühlen lassen. In einer Schüssel die trockenen Zutaten vermischen. Den Backofen auf 170 °C vorheizen. Ein Backblech einfetten.
3. Eier, Orangensaft und Margarine verrühren. Die Flüssigkeit mit der Mehlmischung verrühren. Den Rhabarber unterheben.
4. Die Masse auf das Backblech streichen, mit den gehackten Mandeln bestreuen. 30 Minuten backen.

Extra-Tipp:

- Ganz frisch schmeckt dieser Kuchen besonders lecker. Er hält sich allerdings im Kühlschrank auch mehrere Tage.

Variante:

- Der Kuchen schmeckt auch mit Johannisbeeren sehr gut.

Trauben-Quarkkuchen

Diese an Käsekuchen erinnernden Schnitten vom Blech sind fruchtig, saftig und erfrischend.

Zutaten

100 g weiche Margarine
50 g Orangeat
120 g Puderzucker
3 Eier
250 g Frischkäse
100 g Magerquark
100 g Joghurt
3 Tropfen Orangen-Aroma
3 Tropfen Buttervanille-Aroma
2 P. Vanillepuddingpulver
1 geh. TL Backpulver
1 EL Kartoffelstärke
500 g kernlose Weintrauben

Zubereitung

1. Die Margarine mit Puderzucker schaumig rühren. Nach und nach die Eier unterrühren.
2. Orangeat fein hacken. Mit Frischkäse, Quark, Joghurt und den Aromen verrühren. Zuletzt Vanillepuddingpulver, Backpulver und Kartoffelstärke hinzufügen und unterrühren.
3. Den Backofen auf 160 °C vorheizen. Ein Backblech mit Backpapier auslegen.
4. Den Quarkteig nicht zu dünn auf das Backblech streichen und mit den Weintrauben belegen.
5. 35 bis 40 Minuten backen.

Extra-Tipp:

- Wenn Sie keine Nussallergie haben, können Sie den Kuchen vor dem Backen mit gehackten Mandeln bestreuen.

Torten

Schwarzwälder-Kirsch-Waffeltorte

Diese Waffeltorte sieht einfach umwerfend aus und ist auf jeder Kaffeetafel ein Blickfang. Als Inspiration diente die traditionelle Schwarzwälder Kirschtorte.

Zutaten

Für die Waffeln

1 Rezept Schokowaffeln (siehe Seite 162)

Für die Füllung

250 g Kirschen aus dem Glas
120 ml Kirschsaft
2 EL Kirschwasser oder Kirschlikör
2 EL Kartoffelmehl
200 ml Sahne
1 P. Sahnesteif
1 EL Zucker

Zum Dekorieren

Schokoraspeln

Zubereitung

1. Die Schokowaffeln nach Rezept zubereiten und auskühlen lassen.
2. Die Kirschen mit Saft und Kirschwasser in einen Topf füllen.
3. Das Kartoffelmehl mit etwas zusätzlichem Saft verrühren, sodass es sich auflöst. Dann unter die Kirschen rühren.
4. Die Kirschen auf mittlerer Stufe unter Rühren erhitzen, bis der Saft eingedickt ist. Abkühlen lassen.
5. In der Zwischenzeit die Sahne mit Sahnesteif und Zucker steif schlagen.
6. In die Mitte einer Waffel zwei Esslöffel Kirschen geben. Mit einem Spritzbeutel darum herum mehrere Sahnetupfer spritzen. Eine zweite Waffel darauflegen und den Vorgang wiederholen, bis vier Waffeln gestapelt sind.
7. Den Abschluss bildet eine Schicht mit Kirschen und Sahnetupfern. Mit Schokoraspeln garnieren.
8. Sofort servieren.

Extra-Tipp:

- Sie benötigen für diese Waffeltorte nur vier Waffeln, das Rezept für Schokowaffeln ergibt allerdings sieben bis acht. Sie können es umrechnen und von allen Zutaten nur zwei Drittel verwenden, die übrigen Waffeln einfach so essen oder zwei Waffeltorten machen.

Herrentorte

Das ist die Lieblingstorte meines Vaters. Und da sie „von Natur aus" glutenfrei ist, waren an diesem Zartbitter-Sahne-Traum aus meiner Kindheit keinerlei Änderungen erforderlich.

Zutaten

Für den Teig
75 g Bitterschokolade
60 g Zucker
3 Eier
1 EL Kartoffelmehl
1 TL Backpulver

Zum Beträufeln
5 EL Rum

Für den Belag
300 ml Sahne
2 TL Zucker
nach Belieben etwas geraspelte Schokolade

Zubereitung

1. Die Eier trennen. Die Schokolade im Wasserbad schmelzen, dann etwas abkühlen lassen.
2. Zucker und Eigelb sehr schaumig rühren. Die geschmolzene Schokolade unterziehen.
3. Den Backofen auf 175 °C vorheizen. Den Boden einer Springform mit Backpapier auslegen.
4. Das Eiweiß zu sehr steifem Schnee schlagen und auf die Eigelbmasse gleiten lassen. Kartoffelmehl und Backpulver darüberstreuen und alles vorsichtig unterheben.
5. Den Teig in die Tortenform füllen. Auf mittlerer Schiene etwa 40 Minuten backen.
6. Den Tortenboden etwas abkühlen lassen. Vorsichtig mit einem Messer den Teigrand lösen. Den Tortenboden auf eine Tortenplatte stürzen und das Papier langsam abziehen.
7. Den Tortenboden ganz auskühlen lassen. Inzwischen die Sahne mit dem Zucker steif schlagen. Den Tortenboden mit dem Rum beträufeln und mit der Sahne bestreichen. Nach Belieben die Torte mit geraspelter Schokolade bestreuen.

Variante:

- Wenn Sie diese Torte fruchtig abwandeln wollen, können Sie den Tortenboden auch mit etwas Marmelade, roter Grütze oder Preiselbeeren aus dem Glas bestreichen, bevor die Sahne aufgetragen wird.

Schoko-Beeren-Torte

Diese Schokoladentorte lässt sich auf vielerlei Weise variieren und ist dadurch mal mächtig, mal schokoladig, mal fruchtig, mal traditionell: mit Schokocreme und Beeren, mit Beeren und Mousse au chocolat, mit Beeren und Sahne oder als Sachertorte ...

Zutaten

Für den Boden

60 g Zartbitterschokolade
60 g Margarine
3 Eier
70 g Puderzucker
25 g Zucker
40 g glutenfreie Mehlmischung
20 g Kartoffelstärke
½ TL Backpulver

Für den Belag

300–400 g Beerenmischung
1 P. Tortenguss
ca. 250 ml Wasser oder Saft
100 g weiße Schokolade
125 g Zartbitterschokolade
25 g Kokosfett
60 g Schmand
200 g Frischkäse oder Magerquark

Zubereitung

1. Für den Teig Schokolade und Margarine im Wasserbad schmelzen und etwas abkühlen lassen.
2. Den Backofen auf 180 °C vorheizen, die Springform einfetten.
3. Die Eier trennen. Das Eiweiß mit dem Zucker steif schlagen.
4. Eigelb und Puderzucker schaumig rühren. Mehl, Stärke und Backpulver hinzufügen und verrühren. Den Eischnee unterheben.
5. Im Ofen 10 Minuten bei leicht geöffneter Tür backen. Dazu einen Kochlöffel in die Backofentür einklemmen.
6. Dann die Temperatur auf 140 °C senken und weitere 50 Minuten bei geschlossener Tür backen. Vor der Weiterverarbeitung vollständig auskühlen lassen.
7. Einige Beeren zum Verzieren zurückbehalten. Für den Belag den Tortenguss nach Packungsanweisung zubereiten und vorsichtig mit den restlichen Beeren verrühren.
8. Weiße Schokolade, Zartbitterschokolade und Kokosfett zusammen im Wasserbad schmelzen. Mit Schmand und Frischkäse oder Quark verrühren.
9. Die Beeren auf dem Tortenboden verteilen. Die Schokocreme darüber streichen. Nach Belieben verzieren.

Variante 1: Beeren-Mousse-Torte

Zutaten

Für den Boden

1 Rezept Boden Schoko-Beeren-Torte (siehe Seite 200)

Für den Belag

300 g Beerenmischung
1 Ei
200 ml Sahne
100 g Zartbitterschokolade
2 EL Rum
1 TL Puderzucker

Zubereitung

1. Den fertigen Tortenboden mit den Beeren belegen. Einige Beeren zum Verzieren zurückbehalten.
2. Für die Mousse au chocolat das Ei trennen. Das Eiweiß mit dem Puderzucker steif schlagen.
3. Die Sahne steif schlagen.
4. Die Schokolade im Wasserbad schmelzen und etwas abkühlen lassen, bis sie etwa handwarm ist. Eigelb und Rum unterrühren.
5. Sahne und Eischnee unterheben.
6. Die Mousse auf den Beeren verstreichen. Nach Belieben verzieren.

Variante 2: Beeren-Sahne-Torte

Für den Boden

1 Rezept Boden Schoko-Beeren-Torte

Für den Belag

5 EL Marmelade nach Wahl
1 kg Beerenmischung
6 Blätter Gelatine
250 ml Saft (aufgefangener Beerensaft und/oder Apfelsaft)
250 ml Sahne

1. Den fertigen Tortenboden einmal quer durchschneiden und mit der Marmelade bestreichen. Dann die zweite Hälfte wieder daraufsetzen. Den Ring der Springform wieder um den Tortenboden schließen.
2. Die Gelatine mit dem Saft nach Packungsanweisung zubereiten und vorsichtig mit den Beeren verrühren.
3. Die Beerenmasse auf dem Tortenboden verteilen. Mehrere Stunden in den Kühlschrank stellen, damit die Gelatine fest wird.
4. Dann die Sahne steif schlagen und auf der Beerenmasse verstreichen.

Ergibt: 1 Springform (Ø 24 cm)

laktosefrei · milchfrei · nussfrei

Variante 3: Sachertorte

Zutaten

Für den Boden
doppelte Teigmenge des Bodens Schoko-Beeren-Torte (siehe Seite 200)

Für die Füllung
7 EL Aprikosenkonfitüre
1 EL Rum

Für die Glasur
160 g Zartbitterschokolade
40 g Kokosfett (oder Margarine)

Zubereitung

1. Aus der doppelten Zutatenmenge einen Tortenboden herstellen. Den fertig gebackenen Boden ein- oder zweimal quer durchschneiden.
2. Die Marmelade mit dem Rum verrühren. Die Tortenböden mit der Marmelade bestreichen und wieder zusammensetzen.
3. Für die Glasur Schokolade und Kokosfett im Wasserbad schmelzen. Die Torte damit in mehreren Schichten dick überziehen.

Extra-Tipp:

- Die Variante „Sachertorte“ hält sich im Kühlschrank bis zu einer Woche.

Ergibt: 1 Springform (Ø 24 cm)

nuss-frei

eifrei

Kaffee-Bananen-Torte

Ich mag den Geschmack von Kaffee nicht, aber in dieser köstlichen Kühlschranktorte stört er mich nicht – ganz im Gegenteil!

Zutaten

Für den Boden

150 g glutenfreie Kekse
120 g Margarine
2 TL gefriergetrocknetes Kaffeepulver

Für die Creme

400 g Frischkäse
250 g Magerquark
250 g Joghurt
6 Blätter Gelatine
75 g Zucker
75 ml frisch gebrühter, starker Kaffee
75 ml Bananensirup

Zubereitung

1. Die Kekse zu Bröseln zerkleinern und die Margarine schmelzen. Beides mit dem Kaffeepulver mischen.
2. Eine Tortenplatte mit Backpapier auslegen. Einen Tortenring (oder den Ring einer Springform) daraufstellen. Mithilfe von etwas Margarine Backpapierstreifen innen in den Ring kleben.
3. Die Brösel-Margarine-Kaffee-Masse auf dem Boden verteilen und festdrücken.
4. Die Gelatine kurz in kaltem Wasser einweichen, dann ausdrücken.
5. Den heißen Kaffee mit der ausgedrückten Gelatine, Bananensirup und Zucker verrühren und erhitzen, bis die Gelatine sich vollständig aufgelöst hat. (Nicht kochen!)
6. Frischkäse, Quark und Joghurt mischen und zügig ein paar Löffel davon unter die Gelatinemasse rühren. Anschließend die Masse rasch unter die Frischkäsemischung rühren.
7. Diese Creme auf den Tortenboden streichen und mindestens 3 Stunden kalt stellen, bis sie fest ist.
8. Das Backpapier entfernen, die Torte nach Belieben verzieren.

Extra-Tipp:

- Wenn die Torte eifrei oder nussfrei sein soll, müssen Sie bei der Wahl der verwendeten Kekse darauf achten, dass diese kein Ei beziehungsweise keine Nüsse enthalten.

Eierlikörtorte

Diese einfach zuzubereitende Torte kommt auch bei Menschen gut an, die eigentlich keinen Eierlikör mögen. Wegen ihres Alkoholgehalts ist sie allerdings für Kinder nicht geeignet.

Zutaten

Für den Boden

80 g Margarine
60 g Zucker
200 g gemahlene Mandeln
1 TL Backpulver
100 g geraspelte Bitterschokolade
Mark von 1 Vanilleschote oder 1 P. Vanillezucker
5 Eier

Für den Belag

1 EL Rum
1 EL Cognac
500 ml Sahne
2 P. Vanillezucker
2 P. Sahnesteif
etwas Eierlikör
evtl. etwas Schokoladenraspeln oder -herzen zum Verzieren

Zubereitung

1. Den Backofen auf 160 °C vorheizen. Den Boden einer Springform mit Backpapier auslegen, den Rand einfetten.
2. Die Margarine mit dem Zucker verrühren. Mandeln, Backpulver, Bitterschokolade und Vanille(zucker) hinzufügen und verrühren.
3. Die Eier trennen. Eigelb unter die Masse rühren. Eiweiß zu steifem Schnee schlagen und vorsichtig unterheben.
4. Den Teig in die vorbereitete Springform füllen und ungefähr 40 Minuten backen.
5. Den fertigen Boden aus dem Ofen holen. Rum und Cognac darüberträufeln und abkühlen lassen.
6. Die Sahne mit Sahnesteif und Vanillezucker steif schlagen. Auf den Boden streichen.
7. Die Sahne mit Eierlikör begießen. Den Eierlikör so auf der Oberfläche verteilen, dass er die gesamte Sahne bedeckt. Nach Belieben mit Schokoladenraspeln verzieren.
8. Vor dem Servieren mindestens 1 Stunde in den Kühlschrank stellen.

Extra-Tipp:

- Den Boden können Sie bereits am Vortag backen und abgedeckt an einem kühlen Ort aufbewahren.

Pflaumen-Krokant-Torte

Diese fruchtig-frische Kühlschranktorte passt hervorragend auf eine herbstliche Kaffeetafel.

Zutaten

Für den Boden

60 g Margarine
100 g Zucker
50 g Kokosflocken
50 g Sonnenblumenkerne
100 g gehackte Mandeln
60 ml Sahne

Für den Belag

385 g Pflaumen ohne Stein (selbst eingekocht oder aus dem Glas)
Pflaumensaft (von den abgetropften Pflaumen)
10 Blätter weiße Gelatine
250 g Magerquark
250 g Frischkäse
200 g Schmand
70 g Zucker
200 ml Sahne

Zum Garnieren

etwas Zimt
etwas Kakaopulver

Zubereitung

1. Margarine und Zucker in einer Pfanne unter ständigem Rühren karamellisieren. Wenn die Masse braun zu werden beginnt, Kokosflocken, Sonnenblumenkerne und gehackte Mandeln unterrühren. Langsam die Sahne hinzugießen. Die Masse etwa 5 Minuten weiter erhitzen, bis sie leicht eindickt.
2. Den Boden einer Springform mit Backpapier auslegen. Die Krokantmasse auf dem Boden verteilen und festdrücken.
3. Für den Belag die Pflaumen hacken und mit Pflaumensaft auf 500 g auffüllen.
4. Die Gelatine kurz in kaltem Wasser einweichen, dann ausdrücken. In einem kleinen Topf vorsichtig erhitzen, bis sie aufgelöst ist. (Nicht kochen!)
5. Einige Löffel der Pflaumenmasse in die aufgelöste Gelatine rühren, dann die Gelatine-Pflaumen-Mischung unter die übrige Pflaumenmasse rühren.
6. Schmand, Frischkäse, Quark und Zucker miteinander verrühren, bis sich der Zucker aufgelöst hat. Die Pflaumenmischung unterrühren.
7. Die Sahne steif schlagen und vorsichtig unter die Pflaumen-Quark-Masse heben.
8. Die Creme auf dem Krokantboden verstreichen. 3 Stunden im Kühlschrank fest werden lassen. Anschließend Kakao und Zimt mischen und die Torte damit nach Belieben bestäuben.

Limettentorte

Eine herrlich erfrischende, leichte Kühlschranktorte!

Zutaten

Für den Boden
150 g glutenfreie Kekse
120 g Margarine

Für den Belag
300 g Joghurt
300 g Magerquark
300 g Frischkäse
6 Blätter Gelatine
75 g brauner Rohrzucker
75 g Tonic Water
75 g Zuckerrohrschnaps
2 unbehandelte Limetten

Zubereitung

1. Für den Boden die Kekse mahlen und die Margarine schmelzen. Beides miteinander verrühren. Den Boden einer Springform mit Backpapier auslegen, die Bröselmasse darauf verteilen und fest andrücken.
2. In einer Schüssel Joghurt, Quark und Frischkäse verrühren.
3. Die Gelatine in kaltem Wasser einweichen. Mit einem Zestenreißer die Schale der Limetten in feine Streifen schneiden. Anschließend die Limetten auspressen.
4. Zucker, Tonic Water, Schnaps und Limettensaft mit der ausgedrückten Gelatine in einem kleinen Topf erhitzen, bis die Gelatine aufgelöst ist. (Nicht kochen!)
5. Die Gelatine-Mischung rasch unter die Joghurtcreme rühren. Auf dem Tortenboden verteilen und glatt streichen.
6. Die Zesten als Dekoration auf der Creme verteilen. Die Torte vor dem Servieren mindestens drei Stunden kalt stellen.

Extra-Tipp:

- Wenn die Torte ei- oder nussfrei sein soll, müssen Sie bei der Wahl der verwendeten Kekse darauf achten, dass diese kein Ei beziehungsweise keine Nüsse enthalten.

Brombeer-Baiser-Torte

Eine herbstlich-fruchtige Baiserkreation, bei der auch Marzipanfreunde auf ihre Kosten kommen.

Zutaten

Für den Boden

100 g gemahlene Mandeln
50 g Maniokmehl oder Kartoffelstärke
50 g Kichererbsenmehl
100 g Margarine
70 g Zucker
1 EL Kartoffelstärke
1 TL Backpulver
1 Prise Salz
1 Ei

Für den Belag

400 g frische Brombeeren
3 Eiweiß
120 g Zucker
3 TL Kartoffelstärke
4–5 EL Mandelblättchen
100 g Marzipan zum Verzieren

Zubereitung

1. Den Backofen auf 180 °C (Ober-/Unterhitze) vorheizen. Eine Springform mit Backpapier auslegen.
2. Alle Teigzutaten verkneten. Den Boden der Springform mit dem Teig auslegen.
3. Die Brombeeren auf dem Teig verteilen. Etwa 25 Minuten backen.
4. In der Zwischenzeit das Eiweiß steif schlagen, dabei nach und nach den Zucker einrieseln lassen. Dann die Kartoffelstärke unterschlagen.
5. Den Tortenboden kurz aus dem Backofen holen, Baiser darauf verteilen, die Mandelblättchen darüberstreuen. Weitere 30 bis 40 backen.
6. Die Torte etwas abkühlen lassen. Aus dem Marzipan eine Rolle formen, zwischen Frischhaltefolie ausrollen und für den Rand der Torte zurechtschneiden. Marzipan um den Tortenrand legen und leicht andrücken.

Extra-Tipp:

- Wenn Sie Zeit und Kalorien sparen möchten oder es weniger süß mögen, können Sie natürlich auch auf die Marzipanverzierung verzichten.
- Dieses Rezept ist hervorragend zur Verwertung von übrigem Eiweiß geeignet. Ansonsten können Sie das Eigelb beispielsweise für die Rezepte „Mandelbrote", „Nussknacker" oder „Apfeltörtchen" verwenden oder verquirlt zum Bestreichen von Gebäck nutzen.

Erdbeer-Mandel-Torte

Mit ihren zwei unterschiedlichen Teigschichten ist diese fruchtig-erfrischende Erdbeertorte zwar etwas aufwendig, aber auch besonders raffiniert!

Zutaten

Für den Knetteig
80 g Reismehl
40 g Kichererbsenmehl
20 g Kartoffelmehl
100 g Margarine
1 Prise Salz
1 Ei

Für den Rührteig
65 g Margarine
50 g Puderzucker
40 g Marzipan
2 Eier
150 g gemahlene Mandeln
1 EL Kartoffelstärke

Für den Belag
500 g Erdbeeren
4 EL Zucker
3 EL Amaretto
400 ml klarer Apfelsaft
2 P. Tortenguss

Für die Oberfläche
1 P. roter Tortenguss
200 ml klarer Apfelsaft
2 EL Amaretto
1 EL Zucker
25 g geröstete Mandelblättchen zum Bestreuen

Zubereitung

1. Aus allen Knetteigzutaten einen geschmeidigen Teig kneten.
2. Den Backofen auf 200 °C (Ober-/Unterhitze) vorheizen. Boden und Rand einer Springform mit Backpapier auskleiden und mit dem Knetteig auslegen. Den Teig mehrmals mit einer Gabel einstechen. 15 Minuten vorbacken.
3. Inzwischen für den Rührteig Margarine, Puderzucker und Eier schaumig schlagen. Marzipan in kleine Würfel schneiden, zusammen mit gemahlenen Mandeln und Kartoffelstärke unterrühren und vorsichtig auf dem vorgebackenen Knetteigboden verteilen.
4. Bei 200 °C (Ober-/Unterhitze) weitere 25 Minuten backen. Auskühlen lassen.
5. Die Erdbeeren waschen und – je nach Größe – vierteln oder in Scheiben schneiden. Für den Belag aus Apfelsaft, Amaretto, Zucker und Tortenguss einen Guss kochen. Die Erdbeeren unterheben. Die Mischung auf dem Rührteigboden verteilen.
6. Für die Oberfläche mit Apfelsaft, Amaretto und Zucker zusätzlichen Tortenguss anrühren und auf die Erdbeermischung streichen. Erkaltet den Rand mit gerösteten Mandelblättchen verzieren.

Extra-Tipp:

- Zwischen zwei Lagen Frischhaltefolie lässt sich der mit etwas Reismehl bestäubte Knetteig besonders gut ausrollen.

Baileys-Haselnuss-Torte

In jeder Konditorei würde diese sahnige Torte insbesondere die Herzen älterer Damen höher schlagen lassen.

Zutaten

Für den Biskuit

4 Eier
140 g Zucker
40 g Reismehl
30 g Kichererbsenmehl
180 g gemahlene Haselnüsse
50 g geriebene Bitterschokolade
1 TL Backpulver

Für die Füllung

1 P. gemahlene Gelatine
4 EL kaltes Wasser
200 ml Baileys (oder ein anderer glutenfreier Whiskey-Sahnelikör)
2 P. Vanillezucker
600 ml Sahne

Außerdem

50 ml Baileys zum Beträufeln nach Belieben
50 g geröstete gehackte Haselnüsse
einige ganze Haselnüsse zum Garnieren

Zubereitung

1. Für den Teig die Eier mit dem Zucker sehr schaumig rühren, sodass eine weißliche, cremige Masse entsteht.
2. Den Backofen auf 160 °C vorheizen. Die Springform mit Backpapier auslegen.
3. Alle übrigen Teigzutaten zur Eimasse hinzufügen und vorsichtig unterheben.
4. Den Teig in die Form füllen und 35 Minuten backen. Auskühlen lassen und in der Mitte einmal quer durchschneiden.
5. Für die Füllung in einem kleinen Topf die Gelatine im kalten Wasser anrühren und 10 Minuten quellen lassen. Anschließend langsam unter gelegentlichem Rühren erhitzen, bis die Gelatine sich aufgelöst hat. Den Baileys hinzufügen.
6. Die Sahne mit dem Vanillezucker steif schlagen. Die Baileys-Gelatine-Mischung unterrühren. Etwa zwei Drittel der Likörsahne auf den unteren Tortenboden streichen.
7. Die obere Hälfte des Biskuits obendrauf setzen und nach Belieben mit dem zusätzlichen Baileys beträufeln. Vom übrigen Drittel der Likörsahne etwas zurückbehalten, den Rest oben und auf dem Rand verstreichen. Die Sahneflächen mit den gehackten Haselnüssen bestreuen. Nach Belieben zum Verzieren mit der Tortenspritze Sahnetupfer aufspritzen und diese mit den ganzen Haselnüssen garnieren.
8. Vor dem Servieren einige Stunden kalt stellen.

Bananen-Schoko-Torte

Eine sehr überzeugende Kombination: Bananen und Schokolade!

Zutaten

Für den Biskuit

40 g gemahlene Mandeln
20 g Kichererbsenmehl
20 g Reismehl
1 TL Backpulver
2 Eier
1 Prise Salz
50 g Puderzucker

Für die Creme

250 ml Milch
1 P. Schokoladenpudding-pulver
120 g Frischkäse
100 g weiche Margarine
70 g Puderzucker
2 EL Orangenlikör

Außerdem

150 ml Sahne
150 g Bitterschokolade
2 EL Orangenlikör zum Tränken
4–5 Bananen für den Belag
Mandelblättchen zum Verzieren

Zubereitung

1. Für den Teig Mandeln, Mehlsorten und Backpulver mischen. Eiweiß mit der Prise Salz steif schlagen. Eigelb mit Puderzucker schaumig rühren.
2. Den Backofen auf 150 °C vorheizen. Die Springform mit Backpapier auslegen.
3. Eischnee auf die Eigelbmasse gleiten lassen, die Mandel-Mehl-Mischung darüberstreuen und alles vorsichtig unterheben.
4. Den Teig in die Form füllen. Etwa 20 Minuten backen.
5. Den Tortenboden auskühlen lassen, dann aus der Form lösen, auf eine Tortenplatte legen und mit 2 Esslöffeln Orangenlikör tränken.
6. Die Bananen schälen, längs halbieren und auf den Tortenboden legen.
7. Für die Creme nach Packungsanleitung aus der Milch und dem Puddingpulver einen Pudding kochen. Etwas abkühlen lassen, dann den Frischkäse unterrühren.
8. Margarine, Puderzucker und Orangenlikör cremig rühren, nach und nach die Frischkäse-Puddingmasse unterrühren.
9. Die fertige Creme über die Bananen streichen. Die Torte etwa 2 Stunden kalt stellen.
10. Für die Schokosahne die Sahne zusammen mit der Schokolade erhitzen, bis die Schokolade geschmolzen ist. Die warme Masse auf die Torte streichen. Den Rand der Torte nach Belieben mit Mandelblättchen verzieren. Erneut kalt stellen.

Apfel-Käsekuchen

Eine fruchtig-saftige Käsekuchenkreation, die natürlich auch ohne aufwendige Sahnedekoration sehr frisch und lecker schmeckt.

Zutaten

3 Eier
1 Prise Salz
220 g Zucker
125 g Margarine
750 g Magerquark
250 g Frischkäse
60 g Rosinen
2 P. Vanillepuddingpulver
120 g Maisgrieß
700 g Äpfel (entkernt und grob gerieben)
Saft von 1 Zitrone
1 TL Backpulver

Zum Verzieren nach Belieben
gehackte Haselnüsse oder Mandeln
Sahne

Zubereitung

1. Die Eier trennen. Eiweiß mit der Prise Salz steif schlagen.
2. Eigelb mit Zucker und weicher Margarine schaumig rühren. Quark und Frischkäse unterrühren.
3. Den Backofen auf 180 °C (Ober-/Unterhitze) vorheizen. Eine Springform mit Backpapier auslegen.
4. Die geriebenen Äpfel mit dem Zitronensaft mischen, dann unter die Eigelb-Quark-Masse rühren.
5. Puddingpulver, Backpulver, Maisgrieß und Rosinen unterrühren. Zum Schluss den Eischnee unterheben.
6. Den Teig in die vorbereitete Springform füllen. Mit den gehackten Haselnüssen oder Mandeln bestreuen. Auf der untersten Schiene 65 Minuten backen. Dann den Backofen ausschalten und den Kuchen noch 10 Minuten darin ruhen lassen.

Mango-Käsekuchen

Diese Käsekuchen-Variante schmeckt erfrischend, lecker fruchtig und ist nur ganz leicht gesüßt. Wer es süßer mag, sollte mehr Honig verwenden.

Zutaten

Für den Boden
70 g Margarine
175 g Kekse
(z. B. Butterkekse)
40 g gemahlene Mandeln

Für den Belag
1 große Mango
2 EL Zitronensaft
220 g (Soja-)Joghurt
80 g Magerquark
350 g Frischkäse
1 EL Kartoffelstärke
3 EL Honig

Zum Verzieren
1 ½ EL Honig
½ Mango
evtl. Puderzucker
zum Bestäuben

Zubereitung

1. Den Backofen auf 180 °C vorheizen. Die Springform einfetten.
2. Für den Boden die Kekse zerkrümeln. Die Margarine in einem Topf schmelzen, dann die Kekskrümel und die gemahlenen Mandeln unterrühren.
3. Die Mischung auf dem Boden der Form verteilen und gleichmäßig festdrücken. 10 Minuten backen.
4. Währenddessen für die Füllung die Mango schälen und das Fruchtfleisch vom Stein lösen. Mangofruchtfleisch, Zitronensaft, Joghurt, Quark, Frischkäse, Kartoffelstärke und Honig zusammen pürieren, sodass eine geschmeidige Creme entsteht.
5. Die Creme gleichmäßig auf den gebackenen Keksboden streichen. 25 bis 30 Minuten backen. In der Form auskühlen lassen.
6. Für die Dekoration den Honig in einer Pfanne erwärmen. Das Fruchtfleisch der halben Mango fein würfeln und 1 Minute im Honig karamellisieren. Vom Herd nehmen und etwas abkühlen lassen. Dann den Rand des Käsekuchens damit verzieren. Nach Belieben mit Puderzucker bestäuben.

Extra-Tipp:

- Dieser Kuchen ist nur eifrei, wenn Sie darauf achten, dass auch die zerbröselten Kekse kein Ei enthalten.

Plätzchen, Stollen und Co

Zimtsterne

Auch wenn ich wenig Zeit habe: Diese Plätzchen backe ich jedes Jahr in der Adventszeit. Damit sie innen wunderbar saftig werden, dürfen sie nicht zu lange im Backofen bleiben.

Zutaten

3 Eiweiß
250 g Puderzucker
Mark von 1 Vanilleschote oder 1 P. Vanillezucker
2 TL Zimt
400 g gemahlene Mandeln

Außerdem
Puderzucker zum Ausrollen

Zubereitung

1. Das Eiweiß mit dem Puderzucker steif schlagen. 4 Esslöffel davon zum Bestreichen der Plätzchen aufheben.
2. Vorsichtig Vanille, Zimt und die gemahlenen Mandeln unterheben.
3. Den Teig 1 Stunde kalt stellen.
4. Den Backofen auf 120 °C vorheizen.
5. Den Teig auf Puderzucker ausrollen. Sterne ausstechen. Wenn der Teig zu sehr klebt, zwischendurch erneut kalt stellen.
6. Die Sterne auf ein mit Backpapier ausgelegtes Backblech legen und mit der restlichen Puderzucker-Eiweiß-Masse bestreichen.
7. Ungefähr 20 Minuten backen; die Plätzchen müssen hell bleiben.
8. Nach dem Abkühlen in einer Dose aufbewahren.

Extra-Tipp:

- Die Zimtsterne halten in einer geschlossenen Dose mehrere Wochen. Sie bleiben innen schön weich, wenn Sie ein Stück Apfel in die Dose legen. Denken Sie daran, dieses regelmäßig auszutauschen, damit es nicht in der Dose zu schimmeln beginnt.
- Dieses Rezept ist hervorragend zur Verwertung von übrigem Eiweiß geeignet. Ansonsten können Sie das Eigelb beispielsweise für die Rezepte „Mandelbrote“, „Nussknacker“ oder „Apfeltörtchen“ verwenden oder verquirlt zum Bestreichen von Gebäck nutzen.

Knusprige Ingwerplätzchen

Eine knusprige Leckerei für Freunde schokoladiger Ingwerschärfe!

Zutaten

Für den Teig

50 g Margarine
75 g brauner Zucker
1 Ei
50 g kandierter Ingwer
130 g glutenfreie Mehlmischung
1 ½ TL Backpulver
½ TL Guarkernmehl
2 TL Ingwerpulver

Zum Verzieren

75 g Schokolade (Vollmilch oder Zartbitter, nach Geschmack)
10 g Kokosfett
20 g kandierter Ingwer

Zubereitung

1. Den Backofen auf 160 °C vorheizen. Zwei Backbleche mit Backpapier auslegen.
2. Margarine und Zucker schaumig rühren. Das Ei hinzufügen und unterrühren.
3. Mehl, Backpulver, Guarkernmehl und Ingwerpulver hinzufügen, alles verrühren.
4. Zum Schluss den fein gehackten kandierten Ingwer unterziehen.
5. Vom Teig etwa teelöffelgroße Portionen auf die Backbleche setzen und flach drücken. Zwischen den einzelnen Plätzchen ausreichend Abstand lassen, da sie etwas auseinanderlaufen.
6. 25 Minuten backen, bis die Plätzchen goldgelb sind. Aus dem Ofen holen und auskühlen lassen.
7. Schokolade und Kokosfett überm Wasserbad schmelzen. Jeweils einen Klecks Schokolade in die Mitte der Plätzchen setzen und mit fein gehacktem, kandiertem Ingwer bestreuen.

Mandelbrote

Bei diesen köstlichen Plätzchen fällt auch dem „geschulten Esser" nicht auf, dass sie glutenfrei sind. Dafür sorgt der hohe Anteil an Schokolade und Mandeln.

Zutaten

Für den Teig

80 g Zartbitterschokolade
50 g Teffmehl
50 g Sojamehl
100 g Kartoffelstärke
210 g gemahlene Mandeln
100 g Zucker
160 g Margarine
1 Ei

Für die Glasur

2 Eigelb
50 g Zucker

Zubereitung

1. Die Schokolade fein reiben. Mehl und Kartoffelstärke mit den Mandeln, der Schokolade und dem Zucker in einer Schüssel mischen.
2. Margarine und Ei hinzufügen. Alle Zutaten rasch zu einem geschmeidigen Teig kneten. Den Teig mit Frischhaltefolie bedeckt 1 Stunde kalt stellen.
3. Auf einer bemehlten Unterlage aus dem Teig eine etwa 4 Zentimeter dicke Rolle formen. Von der Rolle etwa ½ Zentimeter dicke Scheiben abschneiden.
4. Den Backofen auf 150 °C vorheizen. Ein Backblech mit Backpapier auslegen.
5. Für die Glasur Eigelb und Zucker schaumig rühren. Die Plätzchen damit bestreichen und auf das Blech legen. 25 bis 30 Minuten backen.

Extra-Tipp:

- Dieses Rezept eignet sich wunderbar zur Verwertung übrigen Eigelbs. Ansonsten können Sie das Eiweiß beispielsweise für die Rezepte „Zimtsterne", „Wespennester", „Kokosmakronen", „Cranberry-Mandel-Makronen", „Brombeer-Baiser-Torte" oder „Stachelbeerkuchen" verwenden.
- Teff- und Sojamehl können Sie auch durch dieselbe Menge weißes Maismehl ersetzen.

Ergibt: ca. 30 Stück

eifrei

Florentiner-Berge

Bäckereien und Konditoreien sind für Zöliakiekranke wenig verlockend, weil dort in der Regel nichts Glutenfreies angeboten wird. In der Vorweihnachtszeit kann man allerdings Glück haben, falls es Florentiner gibt – sofern diese nicht doch etwas Weizenmehl enthalten, was leider gelegentlich der Fall ist.

Zutaten

100 g Honig
4 EL Sahne
1 TL Zimt
150 g Mandelstifte
50 g Sonnenblumenkerne
50 g Kokosflocken

Zubereitung

1. Den Honig in einem Topf erhitzen, bis er flüssig ist. Vom Herd nehmen und die übrigen Zutaten unterrühren.
2. Den Backofen auf 160 °C vorheizen. Ein Backblech mit Backpapier auslegen.
3. Mithilfe zweier Teelöffel kleine Häufchen der Masse auf das Backblech setzen. 20 Minuten backen, bis sie schön braun sind.

Ergibt: 30 Stück

laktosefrei milchfrei

Wespennester

Eine herrliche Möglichkeit zur Eiweißverwertung bietet dieses leckere, recht klassische Makronenrezept.

Zutaten

2 Eiweiß
110 g Zucker
125 g Bitterschokolade
125 g Mandelstifte oder gehackte Mandeln

Zubereitung

1. Die Schokolade reiben. Den Backofen auf 150 °C vorheizen. Ein Backblech mit Backpapier auslegen.
2. Eiweiß sehr steif schlagen, dabei den Zucker einrieseln lassen. Schokolade und Mandeln unter den Eischnee heben.
3. Mit zwei Teelöffeln kleine Häufchen auf das Backblech setzen und ungefähr 15 Minuten backen. Die Plätzchen sollten innen noch weich sein. Auf dem Blech auskühlen lassen.

Extra-Tipp:

- Dieses Rezept eignet sich hervorragend zur Nutzung übrigen Eiweißes. Ansonsten können Sie das Eigelb beispielsweise für die Rezepte „Mandelbrote“, „Nussknacker“ oder „Apfeltörtchen“ verwenden oder verquirlt zum Bestreichen von Gebäck nutzen.

Ergibt: 45 Stück

nuss-frei

Kokosmakronen

Das Besondere an diesen Kokosmakronen ist der Quark, der sie schön saftig werden lässt. Das Rezept eignet sich außerdem zur Eiweißverwertung.

Zutaten

4 Eiweiß
130 g Puderzucker
65 g Magerquark
1 TL Zitronensaft
250 g Kokosraspeln

Zubereitung

1. Das Eiweiß zu steifem Schnee schlagen, dabei den Zucker einrieseln lassen. Dann Quark, Zitronensaft und Kokosraspeln unterheben.
2. Den Backofen auf 200 °C vorheizen. Ein Backblech mit Backpapier auslegen.
3. Mit zwei Teelöffeln kleine Häufchen auf das Backblech setzen und ungefähr 15 Min. backen. Die Makronen sollten innen noch weich sein.

Extra-Tipp:

- Aufgrund des Quarks halten diese Makronen nicht so lange wie andere Plätzchen. Am besten bewahren Sie sie in einer geschlossenen Dose im Kühlschrank auf.
- Dieses Rezept eignet sich hervorragend zur Verwertung übrigen Eiweißes. Ansonsten können Sie das Eigelb beispielsweise für die Rezepte „Mandelbrote", „Nussknacker" oder „Apfeltörtchen" verwenden oder verquirlt zum Bestreichen von Gebäck nutzen.

Ergibt: ca. 30 Stück

laktosefrei milchfrei

Cranberry-Mandel-Makronen

Süße Makronen werden hier raffiniert mit säuerlichen Cranberrys kombiniert, die vor allem in den USA sehr beliebt und in getrockneter Form auch bei uns zu haben sind.

Zutaten

Für den Teig
3 Eiweiß
200 g Puderzucker
150 g gehackte Mandeln
150 g getrocknete Cranberrys
3 EL Kartoffelstärke

Zum Verzieren
Bitterschokolade
ca. 30 ganze Haselnüsse

Zubereitung

1. Die Cranberrys hacken.
2. Eiweiß sehr steif schlagen, nach und nach den Zucker unterrühren.
3. Cranberrys, Mandeln und Kartoffelstärke mischen und vorsichtig unter den Eischnee heben.
4. Den Backofen auf 100 °C vorheizen. Ein Backblech mit Backpapier auslegen.
5. Mit zwei Teelöffeln kleine Häufchen auf das Backblech setzen. 70 Minuten eher trocknen als backen.
6. Nach Belieben mit Bitterschokolade und ganzen Haselnüssen verzieren.

Extra-Tipp:

- Dieses Rezept eignet sich hervorragend zur Verwertung übrigen Eiweißes. Ansonsten können Sie das Eigelb beispielsweise für die Rezepte „Mandelbrote“, „Nussknacker“ oder „Apfeltörtchen“ verwenden oder verquirlt zum Bestreichen von Gebäck nutzen.

Ergibt: 24 Stück

laktosefrei · milchfrei · nussfrei · eifrei

Domino-Honigkuchen

Zugegeben, diese Plätzchen sind arbeitsaufwendig. Aber sie lassen das Herz jedes Spielers höher schlagen! Wer Zeit sparen will und nicht viel Wert auf die spielerische Verzierung legt, kann die Honigkuchen natürlich auch einfach nur mit Schokolade überziehen und auf den Domino-Zitronenguss verzichten.

Zutaten

Für den Teig

65 g flüssiger Honig
60 g Zucker
Mark von 1 Vanilleschote
75 g Margarine
2 EL Wasser
½ TL Zimt
1 EL Amaretto
200 g glutenfreie Mehlmischung
50 g Kartoffelstärke
½ TL Guarkernmehl
20 g Kakaopulver
½ P. Backpulver

Zum Verzieren

150 g Bitterschokolade
10 g Kokosfett
70 g Puderzucker
2 EL Zitronensaft
1 EL Wasser

Zubereitung

1. Honig, Zucker, Vanillemark, Margarine und Wasser unter Rühren langsam erwärmen, bis eine einheitliche Masse entsteht. Abkühlen lassen.
2. Amaretto und Zimt unter die Honigmasse rühren.
3. Mehl, Kartoffelstärke, Guarkernmehl, Kakao und Backpulver mischen. Zur Honigmasse hinzufügen und verrühren.
4. Den Backofen auf 170 °C vorheizen. Zwei Backbleche mit Backpapier auslegen.
5. Den Teig etwa einen halben Zentimeter dick ausrollen, in Rechtecke schneiden (etwa 3,5 x 7 cm) und auf das Backblech legen.
6. 8 bis 10 Minuten backen, auskühlen lassen.
7. Für den Schokoladenguss Bitterschokolade mit Kokosfett im Wasserbad schmelzen. Die erkalteten Honigkuchen damit überziehen. Trocknen lassen.
8. Für die weißen Verzierungen Puderzucker mit Zitronensaft und Wasser glatt rühren. In einen kleinen Gefrierbeutel füllen und dessen Spitze abschneiden. Dominopunkte und Striche mit Zitronenguss auf die Schoko-Honigkuchen spritzen.

Elisenlebkuchen

Meine Mutter stammt aus Nürnberg, und so darf natürlich auch ein Rezept für Elisenlebkuchen nicht fehlen. Die im Handel erhältlichen Varianten kommen oft ohne Mehl aus, aber leider nicht immer.

Zutaten

3 Eier
130 g Puderzucker
2 TL Lebkuchengewürz
1 Prise Salz
3 Tropfen Bittermandel-Aroma
3 Tropfen Rum-Aroma
1 TL abgeriebene Schale einer unbehandelten Zitrone
130 g gemahlene Mandeln
130 g gemahlene Haselnüsse
100 g Zitronat
100 g Orangeat

Außerdem
200 g Bitterschokolade
15–20 g Kokosfett
50 g weiße Schokolade

Zubereitung

1. Zitronat und Orangeat fein hacken.
2. Den Puderzucker mit den Eiern schaumig rühren. Die übrigen Zutaten unterrühren.
3. Den Backofen auf 175 °C vorheizen. Ein Backblech mit Backpapier auslegen.
4. Mit einem Löffel kleine Teighäufchen auf das Backblech setzen und etwas flach drücken.
5. 15 bis 20 Minuten backen, auskühlen lassen.
6. Für die Schokoladenglasur Bitterschokolade und Kokosfett im Wasserbad schmelzen. Die Lebkuchen mit der Oberseite in die Schokolade tauchen. Zum Abtropfen kurz drehen, dann ablegen.
7. Die weiße Schokolade in einen kleinen Gefrierbeutel füllen, der gut verschlossen und in ein Wasserbad gelegt wird, bis die Schokolade schmilzt. Sobald die weiße Schokolade flüssig ist, eine Ecke des Gefrierbeutels abschneiden. Mit dem Gefrierbeutel eine Spirale in die Mitte der Schokoladenlebkuchen spritzen. Mit einem Holzspieß von der Mitte her die Schokolade abwechselnd von innen nach außen und von außen nach innen ziehen.

Extra-Tipp:

- Wenn die verwendeten Eier sehr groß sind, sollten Sie etwas mehr Nüsse nehmen als angegeben.
- Falls diese Lebkuchen laktosefrei sein sollen oder Sie Zeit sparen möchten, verzichten Sie auf die weiße Schokolade zum Verzieren.

Mandel-Spekulatius

In Deutschland gibt es Spekulatius in der Vorweihnachtszeit, in den Niederlanden und in Belgien hingegen das ganze Jahr über. Warum eigentlich nicht?

Zutaten

100 g gemahlene Mandeln
100 g Reismehl
50 g Kichererbsenmehl
70 g Puderzucker
1 Msp. Zimt
1 Msp. gemahlene Gewürznelken
1 Msp. Muskatblüte
1 Ei
100 g Butter (oder Margarine)
3 Tropfen Rum-Aroma
1 gehäufter EL Kartoffelstärke

Außerdem

50 g flüssige Butter (oder Margarine) zum Bestreichen
etwas Puderzucker zum Bestäuben

Zubereitung

1. Aus allen Zutaten einen Knetteig herstellen und im Kühlschrank 1 Stunde ruhen lassen.
2. Den Backofen auf 175 °C vorheizen. Ein Backblech mit Backpapier auslegen.
3. Den Teig auf etwas Reismehl ausrollen und vorsichtig mit einer Spekulatiusrolle oder Modeln die Spekulatius herstellen. Auf das Backblech legen, mit flüssiger Butter oder Margarine bestreichen und mit Puderzucker bestäuben, damit sie schön braun werden.
4. 15 Minuten backen.

Extra-Tipp:

- Auch wenn Sie weder Spekulatiusrolle noch Modeln besitzen, können Sie Spekulatius herstellen. Verwenden Sie dann einfach stattdessen beliebige Ausstechförmchen.

Nussknacker

Dieses Gebäck eignet sich hervorragend zur Verwertung von Eigelb, schmeckt herrlich nussig und passt sehr gut auf jeden weihnachtlichen Plätzchenteller.

Zutaten

200 g gemahlene Haselnüsse
200 g gehackte Haselnüsse
50 g Kartoffelstärke
1 TL abgeriebene Schale einer unbehandelten Zitrone
1 TL Zimt
1 Prise Salz
2 Eier
4 Eigelb
220 g Puderzucker

Zum Verzieren
60 g Bitterschokolade
10 g Kokosfett

Zubereitung

1. Gemahlene Nüsse, Kartoffelstärke, Zitronenschale, Zimt und Salz mischen.
2. In einer separaten Schüssel Eier, Eigelb und Puderzucker kräftig verrühren, sodass eine helle, cremige Masse entsteht.
3. Den Backofen auf 150 °C vorheizen. Zwei Backbleche mit Backpapier auslegen.
4. Gehackte Nüsse und Nuss-Mischung unter die Eimasse rühren.
5. Mit zwei Löffeln Häufchen der Masse auf die Backbleche setzen. 15 bis 18 Minuten backen und auskühlen lassen.
6. Im Wasserbad Schokolade und Kokosfett zusammen schmelzen und etwas abkühlen lassen. In einen kleinen Gefrierbeutel füllen und dessen Spitze abschneiden. Die Schokolade in dünnen Fäden auf die Plätzchen spritzen. Trocknen lassen.

Extra-Tipp:

- Dieses Rezept ist hervorragend zur Verwertung von übrigem Eigelb geeignet. Ansonsten können Sie das Eiweiß beispielsweise für die Rezepte „Zimtsterne“, „Wespennester“, „Kokosmakronen“, „Cranberry-Mandel-Makronen“, „Brombeer-Baiser-Torte“ oder „Stachelbeerkuchen“ verwenden.

Orangen-Ingwer-Plätzchen

Dieses mürbe Gebäck mit feinem Orangen- und Ingwer-Aroma erinnert ein wenig an Heidesand.

Zutaten

100 g weiche Margarine
120 g brauner Zucker
1 Ei
1 Prise Salz
1 Prise Zimt
1 Msp. gemahlener Kardamom
5–6 TL frisch geriebener Ingwer
abgeriebene Schale von 1 unbehandelten Orange
250 g glutenfreie Mehlmischung
50 g Teffmehl
1 TL Guarkernmehl
1 TL Backpulver

Zum Verzieren

50 g Bitterschokolade

Zubereitung

1. Margarine, Zucker, Ei, Salz, Zimt, Kardamom, Ingwer und Orangenschale schaumig rühren.
2. Mehle und Backpulver hinzufügen, alles verkneten.
3. Den Teig zu einer Kugel formen und zugedeckt 1 Stunde im Kühlschrank ruhen lassen.
4. Den Backofen auf 200 °C vorheizen. Zwei Backbleche mit Backpapier auslegen.
5. Den Teig auf einer leicht bemehlten Arbeitsfläche fingerdick ausrollen und in kleine Rechtecke schneiden. Die Plätzchen auf das Blech legen und 8 Minuten backen. Auf einem Kuchengitter abkühlen lassen.
6. Die Schokolade im Wasserbad schmelzen und zum Verzieren nach Belieben auf die Plätzchen spritzen.

Extra-Tipp:

- Ein zusätzlicher, nussiger Geschmack kommt ins Spiel, wenn Sie einen Teil der glutenfreien Mehlmischung (beispielsweise 100 g) durch gemahlene Mandeln ersetzen.

Ergibt: ca. 30 Stück

Kakaokipferln

Den Teig dieses weihnachtlichen Gebäcks können Sie pur mit Schokoverzierung verwenden oder zur Variante „Marmeladensterne" (nächstes Rezept) weiterverarbeiten.

Zutaten

160 g gemahlene Mandeln
50 g Kichererbsenmehl
50 g Kakao
5 Tropfen Bittermandel-Aroma
5 Tropfen Rum-Aroma
140 g Butter
1 Ei
140 g Puderzucker

Außerdem
100 g weiße Schokolade
10 g Kokosfett

Zubereitung

1. Die gemahlenen Mandeln in einer Pfanne ohne Fett leicht anrösten.
2. Aus den angegebenen Zutaten einen Knetteig herstellen.
3. Den Backofen auf 175 °C vorheizen. Ein Backblech mit Backpapier auslegen.
4. Den Teig zu einer Rolle formen und Scheiben davon abschneiden. Daraus Hörnchen formen und auf das Backblech legen.
5. 15 Minuten backen, auskühlen lassen.
6. Für die Glasur Schokolade und Kokosfett zusammen im Wasserbad schmelzen. Die Spitzen der Kipferln hineintauchen. Dann die Kipferln wieder aufs Blech legen und trocknen lassen.

Marmeladensterne

Ein raffiniertes Gebäck, das ebenso wie die Kakaokipferln (vorangegangenes Rezept), die aus demselben Teig hergestellt werden, nicht nur zur Weihnachtszeit passt, sondern beispielsweise auch als Beigabe zu einer Tasse Tee oder Kaffee.

Zutaten

160 g gemahlene Mandeln
50 g Kichererbsenmehl
50 g Kakao
5 Tropfen Bittermandel-Aroma
5 Tropfen Rum-Aroma
140 g Butter oder Margarine
1 Ei
140 g Puderzucker

Außerdem
etwas Aprikosenmarmelade
etwas Puderzucker

Zubereitung

1. Die gemahlenen Mandeln in einer Pfanne ohne Fett leicht anrösten.
2. Aus den angegebenen Zutaten einen Knetteig herstellen.
3. Den Backofen auf 175 °C vorheizen. Ein Backblech mit Backpapier auslegen.
4. Den Teig auf etwas Reismehl ausrollen und die gleiche Anzahl an runden Plätzchen und Sternen ausstechen.
5. 10 Minuten backen, auskühlen lassen.
6. Die runden Plätzchen mit Marmelade bestreichen und jeweils ein Sternplätzchen daraufsetzen. Die fertigen Plätzchen mit Puderzucker bestäuben.

Ergibt: 40 Stück

laktosefrei · milchfrei

Ischler Törtchen

Meine Familie hat eine Weile in Österreich gelebt, und so kommt es, dass auch die dortige aufwendige Konditorei-Spezialität „Ischler Törtchen" in das Repertoire unserer Weihnachtsbäckerei Eingang gefunden hat.

Zutaten

Für den Mürbteig
200 g Haselnüsse
100 g Reismehl
80 g Kichererbsenmehl
140 g Puderzucker
50 g Kakao
½ TL Zimt
140 g Butter (oder Margarine)
1 Ei

Für die Buttercreme-Füllung
150 g Butter (oder Margarine)
50 g Bitterschokolade
20 g Puderzucker

Für die Glasur
200 g Bitterschokolade
15–20 g Kokosfett

Zubereitung

1. Die Haselnüsse in einer Pfanne ohne Fett rösten, bis sich die Schalen lösen. Die Haselnüsse auf ein Geschirrtuch schütten und die Schalen abreiben. 40 Haselnüsse zum Dekorieren aufheben, den Rest fein mahlen.
2. Alle Teigzutaten verkneten.
3. Den Backofen auf 175 °C vorheizen. Ein Backblech mit Backpapier auslegen.
4. Den Teig ausrollen, kleine, runde Plätzchen ausstechen und auf das Backblech legen.
5. 10 Minuten backen, dann auskühlen lassen.
6. Für die Buttercreme Butter und Schokolade vorsichtig im Wasserbad schmelzen. Mit dem Puderzucker mischen und kalt stellen.
7. Wenn die Creme fest wird, mit dem Handrührgerät schaumig schlagen und erneut kalt stellen.
8. Bei der Hälfte der Plätzchen die Unterseite mit der Creme bestreichen und jeweils ein weiteres Plätzchen mit der Unterseite daraufsetzen.
9. Für die Glasur die Schokolade mit dem Kokosfett zusammen im Wasserbad schmelzen. Die Törtchen kurz mit der Oberseite in die flüssige Schokolade tauchen. Zum Trocknen wieder auf das Backblech setzen und jedes Törtchen mit einer ganzen Haselnuss garnieren.

Extra-Tipp:

- Alternativ zur Haselnussverzierung können Sie auch Marzipan (zwischen zwei Lagen Frischhaltefolie) ausrollen und kleine Sternchen ausstechen.

Walnusskipferln

Diese Variante der klassischen Vanillekipferln erhält durch die verwendeten Walnüsse einen wunderbar nussigen Geschmack.

Zutaten

100 g Walnüsse
80 g Puderzucker
90 g Margarine
100 g Reismehl
40 g Kichererbsenmehl
5 Tropfen Buttervanille-Aroma
1 Msp. abgeriebene Schale von 1 unbehandelten Zitrone

Außerdem
Puderzucker zum Bestäuben

Zubereitung

1. Aus den angegebenen Zutaten einen Mürbteig herstellen. Falls dieser stark klebt, eine halbe Stunde kalt stellen.
2. Den Backofen auf 175 °C vorheizen. Ein Backblech mit Backpapier auslegen.
3. Den Teig mit etwas Reismehl bestäuben, zu einer Rolle formen und Scheiben davon abschneiden. Daraus Hörnchen formen und auf das Backblech legen. Zwischen den einzelnen Kipferln genügend Abstand lassen, da sie beim Backen auseinander laufen.
4. Kipferln 10 bis 15 Minuten backen und noch heiß mit Puderzucker bestäuben.

Cognac-Trüffel und Amaretto-Trüffel

Diese Trüffel machen sich nicht nur in der Vorweihnachtszeit gut auf einem Plätzchenteller, sondern auch zu jeder anderen Jahreszeit als kleine Nascherei zwischendurch.

Zutaten

50 ml Sahne
250 g Bitterschokolade
50 g Kokosfett
1 Prise Salz
50 ml Cognac/Weinbrand beziehungsweise Amaretto

Außerdem

40–50 Pralinenförmchen
nach Belieben zum Garnieren: Walnüsse, gehackte Mandeln, Pistazien, weiße Schokolade oder Ähnliches

Zubereitung

1. Sahne zum Kochen bringen, Schokolade und Kokosfett darin schmelzen, etwas Salz hinzufügen.
2. Je nach Wunsch für die Cognac-Trüffel nach und nach den Weinbrand beziehungsweise für die Amaretto-Trüffel nach und nach den Amaretto unterrühren.
3. Die Schokomasse in die bereitgestellten Pralinenförmchen gießen und nach Belieben garnieren. Kalt stellen.

Extra-Tipp:

- Wenn Sie beide Trüffelsorten zubereiten möchten, können Sie die Schokoladenmasse auch halbieren, bevor Sie den Alkohol unterrühren, und dann jeweils 25 Milliliter Cognac beziehungsweise Amaretto in die Hälften rühren.

Quarkstollen

Was wäre die Adventszeit ohne Stollen? Dank dieser Variante müssen Sie nun nicht mehr darauf verzichten.

Zutaten

Für den Teig

120 g Reismehl
120 g Kichererbsenmehl
1 P. Backpulver
60 g Zucker
1 P. Vanillezucker
1 Prise Salz
2 Tropfen Bittermandel-Aroma
½ Fläschchen Rum-Aroma
2 Tropfen Zitronen-Aroma
1 Msp. Muskatblüte
1 Msp. Kardamom
1 Ei
85 g Butter
60 g Korinthen
80 g Rosinen
80 g gehackte Mandeln
50 g Zitronat
125 g Magerquark

Außerdem

60 g Marzipan zum Füllen
40 g Butter zum Bestreichen
Puderzucker zum Bestäuben

Zubereitung

1. Den Backofen auf 250 °C (Ober-/Unterhitze) vorheizen. Ein Backblech mit Backpapier auslegen.
2. Alle Teigzutaten verkneten. Sollte der Teig zu sehr kleben, noch etwas Reismehl hinzufügen und unterkneten.
3. Den Teig zu einer länglichen Rolle formen, flach drücken und das zur Rolle geformte Marzipan darauflegen. Den Teig darüber schließen, einen Laib formen und auf das Blech legen.
4. In den Backofen schieben, die Temperatur auf 170 °C runterschalten und etwa 50 Minuten backen.
5. Anschließend sofort mit geschmolzener Butter bestreichen und mit Puderzucker bestäuben.

Extra-Tipp

- Aufgrund des Quarks hält dieser Stollen nicht so lange und sollte eventuell im Kühlschrank aufbewahrt werden, wenn man ihn nicht innerhalb weniger Tage verzehrt.

Ergibt: 1 Brot

laktosefrei milchfrei

Früchtebrot

Insbesondere in Süddeutschland gehört ein Früchtebrot unbedingt zur Vorweihnachtszeit dazu. Es ist sehr lange haltbar und aufgrund der zahlreichen Trockenfrüchte gehaltvoll und besonders lecker.

Zutaten

125 g Zucker
3 Eier
50 g Kichererbsenmehl
50 g Maniokmehl oder Kartoffelstärke
1 P. Backpulver
1 TL Zimt
125 g Mandeln
125 g Haselnüsse
125 g Datteln
125 g Feigen
125 g Rosinen
125 g Zitronat

Außerdem
Mandeln ohne Haut zum Verzieren
kandierte Kirschen zum Verzieren

Zubereitung

1. Die Eier mit dem Zucker sehr schaumig rühren.
2. Mandeln und Haselnüsse mahlen. Datteln und Feigen würfeln.
3. Den Backofen auf 150 °C vorheizen. Eine Kastenform mit Backpapier auslegen.
4. Mandeln, Haselnüsse, Datteln, Feigen, Rosinen und Zitronat mischen. Zimt mit Kichererbsenmehl, Maniokmehl und Backpulver mischen und alles zusammen unter die Ei-Zucker-Mischung rühren.
5. Den Teig in die Kastenform füllen. Nach Belieben mit abgezogenen Mandeln und kandierten Kirschen verzieren. 70 bis 80 Minuten backen.

Rezeptverzeichnis mit Allergentabelle

	laktose-frei	milch-frei	nuss-frei	eifrei	vege-tarisch	vegan
Apfel-Käsekuchen					x	
Apfelküchle	x	x	x		x	
Apfel-Schichtküchlein im Glas	x	x			x	
Apfeltaschen			x	x	x	
Apfeltörtchen	x	x	x		x	
Apple Crumble	x	x		x	x	x
Baguette	x	x	x	x	x	x
Baileys-Haselnuss-Torte						
Bananen-Schoko-Torte					x	
Beeren-Mousse-Torte			x		x	
Beeren-Sahne-Torte			x			
Bratwurst-Muffins			x			
Brombeer-Baiser-Torte	x	x			x	
Brownies	x	x			x	
Cognactrüffel und Amarettotrüffel				x	x	
Cranberry-Mandel-Makronen	x	x			x	
Domino-Honigkuchen	x	x	x	x	x	
Eierlikörtorte					x	
Elisenlebkuchen					x	
Emmentaler-Gebäck	x		x		x	
Erdbeer-Mandel-Torte	x	x			x	
Flammkuchen			x			
Florentiner-Berge				x	x	
Früchtebrot	x	x			x	
Fruchtige Müsliriegel	x	x	x	x	x	
Fruchtiger Schokokuchen	x	x			x	
Gemüsenudeln (pur)	x	x	x	x	x	x
Gemüsenudeln mit Hackfleischsoße	x	x	x	x		
Gemüsequiche	x		x		x	
Gnocchi (pur)	x	x	x		x	
Gnocchi mit Spinat und Schafskäse	x		x		x	
Gulaschsuppe	x	x	x	x		
Herrentorte			x		x	
Herzhafte Waffeln	x		x			

	laktose-frei	milch-frei	nuss-frei	eifrei	vege-tarisch	vegan
Ischler Törtchen	x	x			x	
Kaffee-Bananen-Torte			x	x		
Kakaokipferln					x	
Karottenkuchen	x	x			x	
Kartoffelknödel-Auflauf			x			
Käsegebäck	x		x	x	x	
Kässpätzle	x		x		x	
Kernige Müsliriegel	x	x			x	
Klebreisbällchen	x	x	x	x	x	x
Knusprige Ingwerplätzchen	x	x	x		x	
Kohlrabi-Pizza	x		x	x	x	
Kokos-Cupcakes mit Kokosfrosting			x		x	
Kokosmakronen			x		x	
Körnerbrot aus dem Brotbackautomaten	x	x	x	x	x	x
Körnerbrötchen	x	x	x		x	
Kürbiskernbrot aus dem Brotbackautomaten	x	x	x		x	
Lachs-Frischkäse-Rolle			x			
Limettentorte			x	x		
Linsensuppe	x	x	x	x	x	x
Linsen-Tofu-Bratlinge	x	x	x	x	x	x
Macadamia-Schoko-Törtchen					x	
Mandelbrote	x	x			x	
Mandel-Keks-Muffins	x	x			x	
Mandel-Rum-Kuchen	x	x			x	
Mandelspekulatius	x	x			x	
Mango-Käsekuchen mit Keksboden				x	x	
Marmeladensterne	x	x			x	
Mini-Donuts					x	
Mohnguglhupf					x	
Nussecken	x	x			x	
Nussknacker	x	x			x	
Orangen-Ingwer-Plätzchen	x	x	x		x	
Orangen-Kartoffelkuchen	x	x			x	

	laktosefrei	milchfrei	nussfrei	eifrei	vegetarisch	vegan
Pariser Schnitten	x	x			x	
Partystangen			x		x	
Pflaumen-Krokant-Torte				x		
Pizzavariationen mit Kartoffelteig			x			
Quarkstollen					x	
Rhabarber-Orangen-Kuchen	x	x			x	
Rotwein-Apfelkuchen					x	
Sachertorte			x		x	
Schafskäse mit Sesamkruste	x		x		x	
Schnelle Tomatensoße	x	x	x	x	x	x
Schoko-Beeren-Torte			x		x	
Schoko-Chili-Kuchen	x	x			x	
Schoko-Kirschkuchen	x	x			x	
Schoko-Kirsch-Muffins	x	x	x		x	
Schokoladenküchlein mit weichem Schokokern	x	x	x		x	
Schokowaffeln	x	x	x		x	
Schwarzwälder-Kirsch-Waffeltorte			x		x	
Sesambrezeln			x		x	
Spanische Tortilla	x	x	x		x	
Spätzle (pur)	x	x	x		x	
Speck-Hackbraten mit Käse	x		x			
Stachelbeerkuchen	x	x			x	
Tarte au citron	x	x	x		x	
Thai-Curry mit Hähnchen und Kokosmilch	x	x	x	x		
Tiramisu			x		x	
Trauben-Quarkkuchen			x		x	
Vanille-Schichtdessert mit Beeren	x	x	x	x	x	x
Walnusskipferln	x	x		x	x	x
Walnuss-Kirsch-Muffins	x	x			x	
Wespennester	x	x			x	
Zimtsterne	x	x			x	
Zitronen-Cupcakes			x		x	
Zucchinibrot aus dem Römertopf	x	x	x		x	

Danksagung

Ein Buch wie dieses zu schreiben, ist befriedigend und macht viel Spaß, erfordert aber auch eine Menge Kreativität, Organisationstalent, Zeit und Energie. Es sind zahlreiche verschiedene Dinge zu bedenken und vielfältige Aufgaben zu erledigen: Ideen sammeln, recherchieren, Exposé formulieren, medizinische Grundlagen überprüfen, einen Aufbau für das Buch überlegen, rechtliche Fragen klären, experimentieren, Rezepte kreieren und zusammenstellen, einen Zeitplan erstellen, schreiben, kochen und backen, Testesser befragen, Tipps formulieren, einen geeigneten Fotografen finden, alles mit dem Verlag abstimmen, noch mehr kochen und backen, Fototermine vorbereiten, passende Accessoires für die Fotos suchen, dekorieren, selbst fotografieren, Bilder bearbeiten, Kooperationspartner finden, weiter schreiben, ...

Wie schön, wenn man in einer solch intensiven Zeit Unterstützung hat! Deshalb möchte ich mich an dieser Stelle bedanken:

- bei meiner „Lieblingslektorin“ Hildegard Brendel, die sich von Anfang an sehr für dieses Buch eingesetzt hat. In unzähligen Telefonaten und Mails haben wir gemeinsam Ideen besprochen, Lösungen gefunden und Planungen optimiert.
- bei meinem Lebensgefährten Jürgen, der tapfer alle Koch- und Backversuche gegessen und mit konstruktiver Kritik nicht gespart hat. Auch bei den Fototerminen und der Nachbearbeitung der Bilder war er immer mit Inspiration, einer helfenden Hand und guten Ideen zur Stelle. Und darüber hinaus stammen einige der Fotos von ihm.
- bei meiner Mutter, die nicht nur einen Teil der Rezepte beigesteuert, sondern auch bei der kulinarischen und dekorativen Vorbereitung der Fototermine geholfen hat. Einige der Accessoires, die für die Bilder verwendet wurden, stammen aus ihrem reichen Fundus an Geschirr, Tischdecken und Dekomaterialien.
- bei Markus Farnung für die gute Zusammenarbeit und die herrlichen Fotos, mit denen er schließlich meine Ideen und die Vorstellungen des Verlags wunderbar umgesetzt hat.
- bei meiner Freundin Claudia, die mit ihrem Händchen für den richtigen Stil und entsprechendem Zubehör als ästhetische Unterstützung bei einer der Fotosessions eine große Hilfe war.
- bei meinem Freund Chris, der sich immer wieder geduldig den aktuellen Stand der Dinge angehört hat und dankbarer Abnehmer diverser kulinarischer Experimente war.
- bei Bettina für die Organisation einer Tiefkühltruhe, ohne die es gelegentlich schwierig gewesen wäre, die für die Fototermine massenweise vorbereiteten Backwaren und Speisen aufzubewahren.
- bei Anne-Laure, Juliane, Martin, Benno, Friedi, Chiara und Aino (ich hoffe, ich habe niemanden vergessen), die einzelne Rezeptanregungen beigetragen haben.
- bei meinen vielen Testessern und Freunden, die mich mit ihrer Begeisterung angespornt, mit Verbesserungsvorschlägen unterstützt und die Entwicklung dieses Buches begleitet haben.

Bezugsquellen

Glücklicherweise sind glutenfreie Produkte heutzutage bei uns nicht mehr schwer zu beschaffen. Zudem gibt es inzwischen eine große Palette an Angeboten, die von sortenreinen Mehlen, glutenfreien Mehlmischungen, Brot und Brötchen über Nudeln, Pizzaböden und Fertiggerichte bis hin zu Keksen, Müsli, Knabbergebäck und Kuchen alles abdeckt. Im Tiefkühlbereich sind mancherorts und bei einigen Anbietern sogar glutenfreie Fertigpizza oder Tortellini erhältlich.

Es gibt mittlerweile eine Vielzahl an deutschen und internationalen Produzenten mit unterschiedlichen Schwerpunkten, die mal auf vollwertigen Geschmack oder Bio-Zutaten, mal auf ein umfangreiches Gesamtsortiment oder das Experimentieren mit ausgefallenen und eher unbekannten Zutaten Wert legen.

Im gut sortierten Lebensmittelhandel werden Sie heute häufig ebenso fündig wie in Naturkostläden – wobei Erstere eher Mehlmischungen und fertiges Gebäck im Sortiment haben, während Letztere den zusätzlichen Vorteil bieten, Bio-Qualität und auch ausgefallenere Mehlsorten vorrätig zu haben. Natürlich können Sie auch im Reformhaus einkaufen, das in der Regel eine große Auswahl bereithält.

Wer sich nicht scheut, auch mal weniger bekannte Zutaten auszuprobieren, sollte außerdem hin und wieder Asia-Läden einen Besuch abstatten.

Besonders vielfältig ist das Angebot bei Versendern, die ihre Waren im Internet anpreisen. Man kann online stöbern und sich die Produkte bequem nach Hause liefern lassen. Aufgrund der Versandkosten empfiehlt es sich, gleich größere Mengen zu bestellen.

Vorankündigung

Weitere Bücher von Birgit Irgang mit glutenfreien Köstlichkeiten werden in den nächsten Monaten bei books4success erscheinen. Sie dürfen gespannt sein!

Rezeptregister